法律专家为民说法系列丛书

法律专家
教您如何打工伤索赔官司

牛 丽 编著

吉林文史出版社

图书在版编目(CIP)数据

法律专家教您如何打工伤索赔官司 / 牛丽编著. —
长春：吉林文史出版社，2015.3
　(法律专家为民说法系列丛书 / 张宏伟，吴晓明主
编)
　ISBN 978-7-5472-2739-8

　Ⅰ．①法… Ⅱ．①牛… Ⅲ．①工伤事故－赔偿－案例
－中国 Ⅳ．①D922.54

中国版本图书馆CIP数据核字(2015)第043908号

法律专家教您如何打工伤索赔官司

编　　著	牛丽	
责任编辑	李相梅	
责任校对	宋茜茜	
丛书主编	张宏伟　吴晓明	
封面设计	清　风	
美术编辑	李丽薇	
出版发行	吉林文史出版社(长春市人民大街4646号)	
	全国新华书店经销	
印　　刷	三河市祥宏印务有限公司	
开　　本	720mm×1000mm　1/16	
印　　张	12	
字　　数	100千字	
标准书号	ISBN 978-7-5472-2739-8	
版　　次	2015年7月第1版	
印　　次	2018年6月第3次	
定　　价	35.00元	

如发现印装质量问题，影响阅读，请与印刷厂联系调换。

法律专家为民说法系列丛书

编委会

主　编

张宏伟　　吴晓明

副主编

马宏霞　　孙志彤

编　委

迟　哲	赵　溪	刘　放	郝　义
迟海英	万　菲	秦小佳	王　伟
于秀生	李丽薇	张　萌	胡金明
金　昊	宋英梅	张海洋	韩　丹
刘思研	邢海霞	徐　欣	侯婧文
胡　楠	李春兰	李俊泰	刘　岩
刘　洋	高金凤	蒋琳琳	边德明

PREFACE

【前言】

　　现实生活中,人身伤害事故时有发生。有一种特殊的人身伤害,劳动者们给予了它极大的特别关注,这就是工伤。工伤也称职业伤害,是一种特殊的人身伤害,是劳动者在工作中因事故或者职业病所引发的伤残或死亡。

　　劳动者们特别关注工伤问题的主要原因不难理解。

　　第一,工伤的受害主体就是劳动者本身。工伤通常情况下发生在工作时间和工作场所内,受到伤害的都是执行职务或业务的与用人单位有合法劳动关系的劳动者。

　　第二,工伤给劳动者带来的伤害和损失是现实的,有时又是十分巨大的,往往关乎劳动者的身体健康、生命生存等重大问题,也关乎劳动者及其亲属今后的工作和生活。

　　第三,有时工伤索赔困难重重,工伤争议难以解决。工伤事故发生后,绝大部分工伤劳动者能够得到及时、相应的工伤待遇和补偿,但也有部分工伤劳动者没有如此幸运,往往因工伤事故陷入到纠纷之中,更有少数工伤劳动者的合法权益难以得到维护。

实践表明，工伤事故易引发工伤纠纷。工伤纠纷也称工伤争议，情况比较复杂，既包括工伤劳动争议，也包括工伤行政争议。其中的工伤劳动争议是劳动者和用人单位之间在执行劳动法律、法规过程中就工伤待遇所产生的争议。解决工伤劳动争议按照处理一般劳动争议的规定进行。而工伤行政争议则是工伤职工和用人单位与工伤保险管理机构之间因工伤发生的争议，主要是指：申请工伤认定的职工或者其直系亲属、该职工所在单位不服工伤认定结论而发生的争议；用人单位不服经办机构确定的单位缴费费率而发生的争议；签订服务协议的医疗机构、辅助器具配置机构认为经办机构未履行有关协议或者规定而发生的争议；工伤职工或者其直系亲属对经办机构核定的工伤保险待遇有异议而发生的争议；劳动者因请求社会保险经办机构发放社会保险金而发生的争议；劳动者对劳动能力鉴定委员会的伤残鉴定结论或者对职业病诊断鉴定委员会的职业病诊断鉴定结论的异议争议，等等。工伤行政争议的解决则需要有关单位和个人依法申请行政复议或提起行政诉讼。

由于工伤争议本身的多样性以及解决工伤争议途径和方法的复杂性、专业性，工伤劳动者在进行工伤索赔时，往往都会遇到较多的难题，需要法律帮助。为了帮助广大工伤劳动者解决现实中的问题，满足他们的实际需要，本书选择人们最关心的工伤问题为题，从各种典型以及通俗易懂的案例入手，以最新的劳动法律、法规和以与工伤相关的法律、法规为依据，详细地为广大读者分析解读了工伤认定、职业病诊断、劳动能力鉴定、工伤待遇、工伤索赔与赔偿、工伤争议调解、工伤争议仲裁、工伤争议诉讼等问题的法律规定，并结合每一案件的具体情况，有针对性地提出解决各种工伤问题和工伤争议的法律方法及程序步骤要求。

真诚地希望本书对指导劳动者解决工伤争议、进行工伤索赔能有所裨益。

目 录

CONTENTS

 1.什么是工伤?

案例:

齐某与某建筑公司签订了用工合同。在建筑工地上班的第一天,齐某推独轮车运砖石时不慎摔倒,下肢不能活动,被工友送往医院。经诊断,齐某右侧髋骨骨折,需住院治疗。由于齐某是在劳动过程中遭受的伤害,最终这种人身伤害被认定为工伤,齐某也享受到了相应的工伤待遇。问:什么是工伤?

专家解析:

工伤是在法定状态和法定条件下发生的伤害。这种法定状态和法定条件都与劳动和职业相关,所以,工伤也称为职业伤害。具体讲,工伤是指劳动者(职工)在工作中因事故或者职业病所引发的伤残或死亡。这里所说的"事故"必须是与劳动者所从事的工作或职业的时间和地点有关,而"职业病"则必须是国家列入职业病名单中的疾病。

工伤属于人身伤害,但又不同于一般的人身伤害,有以下几个显著的特点:第一,受到工伤伤害的人必须是与用人单位有合法劳动关系的劳动者。第二,工伤是特定时间内发生的人身伤害。工伤一般只限于工作时间内发生的对劳动者生命安全健康的事故伤害。但职工上下班受到机动车伤害,从事抢险、救灾等维护国家利益、公共利益而遭到的伤害,尽管是发生在工作时间以外,这些也属于工伤。第三,工伤是特定场所内发生的人身伤害。工伤一般只限于工作场所内发生的对劳动者生命安全健康的事故伤害。但因工外出期间由于工作原因受到伤害或者发生下落不明的，也应当认定为工伤。第四，工伤是有特定原因的人身伤害。工伤一般只限于执行职务或业务而发生的对劳动者生命安全健康的事故伤害，包括因工作原因受到事故伤害、从事与工作有关的预备性或收尾性工作受到事故伤害，以及因履行工作职责受到暴力等意外伤害等。从这个角度来讲，只要伤害是因执行职务或业务而发生，即使不在工作时间和工作场所内，也属于工伤。

专家支招：

当劳动者在工作中遭受人身伤害时，首先应当考虑这种伤害是否属于工伤。因为工伤不同于一般的人身伤害，被认定为工伤的劳动者，有权按照相关法律规定享受工伤待遇。正如本案中的齐某，尽管刚刚工作就发生了事故，但由于这种人身伤害是在工作过程中造成的，所以被认定为工伤并享受相应的工伤待遇是完全正当的，否则，劳动者不主张工伤或者工伤被认定为一般伤害的话，其利益将会受到相当程度的损害。因此，劳动者必须了解以下工伤认定的标准：

根据《工伤保险条例》第14条规定，职工有下列情形之一的，应当认定为工伤：(1)在工作时间和工作场所内，因工作原因受到事故伤害的；(2)工作时间前后在工作场所内，从事与工作有关的预备性或者收尾性工作受到事故伤害的；(3)在工作时间和工作场所内，因履行工作职责受到暴力等意外伤害的；(4)患职业病的；(5)因工外出期间，由于工作原因受到伤害或者发生事故下落不明的；(6)在上下班途中，受到非本人主要责任的交通事故或者城市轨道交通、客运轮渡、火车事故伤害的；(7)法律、行政法规规定应当认定为工伤的其他情形。需要注意的是，对上述任何情形都应当认定为工伤，这里的"应当"是"必须"的意思，也就是说符合上述任何一种情形的人身伤害，必须按照工伤处理，而不得按照一般伤害进行处理。

根据《工伤保险条例》第 15 条规定,职工有下列情形之一的,视同工伤:(1)在工作时间和工作岗位,突发疾病死亡或者在 48 小时之内经抢救无效死亡的,按照工伤保险条例的有关规定享受工伤保险待遇;(2)在抢险救灾等维护国家利益、公共利益活动中受到伤害的,按照工伤保险条例的有关规定享受工伤保险待遇;(3)职工原在军队服役,因战、因公负伤致残,已取得革命伤残军人证,到用人单位后旧伤复发的,按照工伤保险条例的有关规定享受除一次性伤残补助金以外的工伤保险待遇。

2.工作时间内受到事故伤害的都能认定为工伤吗?

案例:

李某在某公司从事财务工作。一日上午 9 时许,刚开始工作不久的李某接到老同学打来的电话,约其到单位附近的咖啡厅商谈同学聚会事宜。李某简单收拾了手上的工作后便如期赴约。大约 1 小时后,李某与同学分手,返回单位,途中经过一建筑工地时,不幸被落下的建筑材料砸伤腿部,落下了终身残疾。李某认为自己是在工作时间内受到事故伤害的,因此要求公司给予自己工伤待遇。问:工作时间受到的事故伤害都能认定为工伤吗?

专家解析:

《工伤保险条例》第 14 条规定,职工在工作时间和工作场所内,因工作原因受到事故伤害的,应当认定为工伤。这一规定表明,工伤非常强调"三工"原则,即在工作时间、工作场所内,因为工作原因造成的伤害。

"工作时间"是认定工伤的时间标准。劳动者为履行工作义务,在法定限度内,在用人单位从事工作或者生产的时间属于工作时间,包括法律规定的工作时间以及用人单位要求职工工作的时间。根据劳动法及其相关规定,我国实行劳动者每日工作时间不超过 8 小时,平均每周工作时间不超过 40 小时的工作制度。据此,实行定时工作制的用人单位规定的上下班的具体时间即属于职工的工作时间;实行不定时工时制的用人单位,单位确定的工作时间为职工的工作时间。工作时间是认定工伤的标准之一,工作场所和工作原因也是认定工伤必须考虑的因素。"工作场所"是认定工伤的空间标准。工作场所是职工日常工作所在的场所,包括领导临时指派其所从事工作的场所。"工作原因"是认定工伤的内容标准。因工作原因受到伤害是指职工因执行职务或业务而发生对生命安全健康的事故伤害。通常情况下,在工作时间、工作场所内因工作原因受到伤害的,应当认定为工伤。如果伤害虽然发生在工作时间或工作场所之内,但不是由于执行职务或业务而发生的,一般不认定为工伤。

　　此外,《工伤保险条例》第 14 条还规定,职工在工作时间和工作场所内,因履行工作职责受到暴力等意外伤害的,应当认定为工伤。"因履行工作职责受到暴力等意外伤害的"包括两种情况:一是指在工作时间和工作场所内,职工因履行工作职责受到他人暴力行为侵害而遭受人身伤害,如为保护国家和集体财产安全或保障正常的生产秩序等,与不法分子作斗争而遭受人身伤害的,应当认定为工伤;二是在工作时间和工作场所内,职工因履行工作职责受到意外伤害而导致人身损害,如发生火灾、水灾、厂房倒塌等意外事件,致使职工受伤、致残或死亡的,应当认定为工伤。

专家支招:

　　劳动者在工作中受到事故伤害时,自己首先要对事故伤害的性质有所判断,确定事故伤害与自己的工作或职务是否相关。本案中李某的情况并不复杂。李某的人身伤害事故虽然是发生在工作时间内,但却是发生在非工作地点,也就是说李某是在工作时间私自外出受到伤害的。同时李某外出也并非是工作原因,与李某的工作和职务无关,因此这种事故伤害不属于职业伤害,也就不应当认定为工伤。值得注意的是,并不是所有的在工作过程中的伤害都可以认定为工伤,它具有一定的适用范围。工作时间、工作场所、工作原因是判断是否为工伤的原则性标准,以下一些特殊情况也应当认定为工伤,如用人单位违法确定工作时间规定,在该期间内发生的职工伤害事故,不得将其排除在工伤范围之外;职工从事其用人单位领导或负责人临时指定的不属于其岗位的工作,发生事故伤害的,应当认定为工伤;职工经本单位负责人安排或同意,从事本岗位之外的但与本单位有关的科学实验、发明创造和技术改造等工作而遭受事故伤害的,应当认定为工伤。

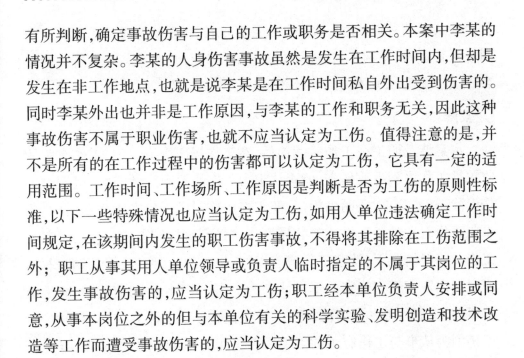

3.从事与工作有关的预备性或者收尾性工作受到事故伤害的能否认定为工伤?

案例:

　　黄某是某印刷厂的工人。一日夜班生产结束后,黄某像往常一样按照生产制度要求对裁纸机进行清理和保养。工厂的生产制度明确规定机器清理时必须关闭电源,但黄某由于干了一整夜的活,十分疲倦,困意十足,精神也有些恍惚,忘记关闭总电源,结果不慎碰到机器的开关按钮。机器开动,将黄某左手的食指切断。印刷厂以黄某是在夜班生产结束后也就是工作时间以外发生的伤害事故,并且存在过错为由,拒绝给予黄某工伤待遇。黄某认为自己虽有过错，但是确实是为了工作才受到事故伤害的，印刷厂应当承担相应的责任。问：从事与工作有关的预备性或者收尾性工作受到事故伤害的能否认定为工伤？

专家解析：

本案涉及职工在工作时间前后，在工作场所内，从事与工作有关的收尾性工作受到事故伤害，能否认定为工伤的问题。关于这一问题，《工伤保险条例》第14条明确规定，职工在工作时间前后在工作场所内，从事与工作有关的预备性或者收尾性工作受到事故伤害的，应当认定为工伤。一般情况下，认定工伤应当以"工作时间内"作为时间标准，非工作时间内职工受到伤害的不得认定为工伤。"工作时间前后"一般是指上班前、下班后的一段时间，不在工作时间内。但如果在这一时间内，职工是因为从事与工作有关的以下两项工作受到伤害的，应当认定为工伤：(1)预备性工作。所谓预备性工作是指在法律规定或单位要求的开始工作时间之前的一段合理时间内从事的与工作有关的准备工作，如运输、备料、准备工具、进行机器试运等。(2)收尾性工作。所谓收尾性工作是指在法律规定或单位要求的结束工作时间之后的一段合理时间内从事的与工作有关的收尾工作，如清理、安全储存、收拾工具和衣物等。本案中，黄某受到的事故伤害虽然从时间上看是发生在工作结束后，但却是与工作相关的收尾阶段。黄某应当向工厂主张：这一收尾工作应视为前期工作的延续，是合理的，也是完全必要的，工厂应当依据工伤保险条例的相关规定给予自己工伤待遇。

专家支招：

有些用人单位以工伤者自己有过错为由，拒绝承担赔偿责任，或者少赔偿、拖欠赔偿，很多工伤者也因为自己有"过错"，对请求赔偿信心不足,甚至有时自认倒霉了事,权益因此受到伤害。实际上,工伤保险首先就确立了无过错责任,即无论职业伤害的责任在于雇主、他人还是自己,受害者都应得到必要的补偿,这种补偿是无条件的,即使劳动者自己也有过失,这种补偿依然不会丧失。因此,本案中的黄某有权向印刷厂请求赔偿。

4.因公外出期间受到伤害或者发生事故 下落不明的能否认定为工伤?

案例:

某公司员工王某因公出差期间遭遇车祸,致颈椎损伤,左侧肋骨骨折。王某被送往医院治疗,作了颈椎减压加钢板内固定手术,但最终仍导致双上肢肌力差、双下肢瘫痪。王某必须借助轮椅及其他辅助器械生活。王某及其家属申请工伤认定,并请求工伤补偿。问:因公外出期间受到伤害或者发生事故下落不明的能否认定为工伤?

专家解析:

根据《工伤保险条例》第14条规定,职工因公外出期间,由于工作原因受到伤害或者发生事故下落不明的,应当认定为工伤。一般情况下,认定工伤应当以"工作场所"作为空间标准,非工作场所内职工受到伤害的不得认定为工伤。但如果职工因公外出,并由于工作原因发生事故或下落不明的,可以扩展认定工伤的"工作场所"范围,认定为工伤。其中,"因公外出期间"是指职工不在本单位的工作范围内,由于工作需要经用人单位指派或者批准,到本单位以外的场所工作的期间。职工因工外出应当是履行劳动合同从事工作行为的一部分，因工外出的时间应当属于工作时间，外出的区域应当包括在本地和外地，属于工作场所。"由于工作原因受到伤害"是指职工为完成工作任务而受到的直接或间接的事故伤害、暴力伤害和其他形式的伤害。"由于工作原因发生事故下落不明"是指职工为完成工作任务，在安全事故、意外事故以及自然灾害中下落不明，无法确定生死的情况。

专家支招：

本案中，王某接受单位指派到外地工作，期间受到事故伤害，符合工伤认定标准，应当认定为工伤。王某应当与用人单位协商一次性解决工伤补偿费用，如果协商不成的，可以到劳动争议仲裁委员会申请仲裁，还可以向人民法院提起诉讼。

5.上下班途中受到事故伤害的能否认定为工伤？

案例：

张某上班途中不幸遭遇车祸，导致右腿截肢。由于肇事车辆逃逸，张某的赔偿问题没能解决。问：职工上下班途中受到事故伤害的能否认定为工伤？这种情况该如何处理？

专家解析：

一般情况下，认定工伤以"工作时间"作为时间标准，非工作时间内职工受到伤害的不得认定为工伤。但新的工伤保险条例增加了在上下班途中遭受事故伤害应被认定为工伤的范围。《工伤保险条例》第 14 条规定,职工在上下班途中,受到非本人主要责任的交通事故或者城市轨道交通、客运轮渡、火车事故伤害的,应当认定为工伤。认定职工上下班途中受到事故伤害的工伤,必须严格把握以下要素:第一,必须是在上下班途中受到事故伤害。"上下班途中"是指职工从居住地到工作场所之间的路途中,既包括职工按正常工作时间上下班的途中,也包括职工加班加点上下班的途中。这里对是否在必经路线上没有规定。对上下班途中顺道购物、游玩、探亲访友等过程中发生的事故,不能认定为工伤。第二,必须是受到交通事故或者城市轨道交通、客运轮渡、火车事故伤害。新条例将旧条例中"受到机动车事故伤害"的规定扩展为"受到交通事故或者城市轨道交通、客运轮渡、火车事故伤害",大大增加了在上下班途中遭受事故伤害应被认定为工伤的范围。第三,必须是职工本人在事故中不承担主要责任。职工在上下班途中,受到交通事故或者城市轨道交通、客运轮渡、火车事故伤害,本人无责任或非主要责任的,应当认定为工伤;本人对事故承担主要责任的,不得认定为工伤。

专家支招:

　　本案中的张某在上班途中受到事故伤害应当按照工伤处理。由于伤害是由交通事故造成的,如果交通事故赔偿已给付了医疗费、丧葬费、护理费、残疾用具费、误工工资的,职工所在单位就不再支付相应待遇(交通事故赔偿的误工工资相当于工伤津贴)。当然单位应当帮助受害职工向肇事者索赔,获得赔偿前可垫付有关医疗、津贴等费用,待受害职工获得交通事故赔偿后予以偿还。如果像本案情况,交通肇事者逃逸,受害者不能获得交通事故赔偿的,受害者所在单位或者工伤保险经办机构应当按照有关规定给予受害者工伤保险待遇。因此,张某可以向所在单位要求工伤保险待遇。

6.在工作时间和工作岗位突发疾病死亡的能否 视同工伤处理？

案例：

某化工厂工人张某在工作期间突发脑溢血，经抢救无效于次日死亡。事件发生后，该化工厂既未向有关部门提出工伤报告，也未提出工伤认定申请。张某家属向当地社会保险行政部门提出工伤认定申请，提交了《工伤认定申请表》及相关证明材料。社会保险行政部门在调查中了解到，张某在工作中突发脑溢血，经抢救无效32小时内死亡。但化工厂不同意认定张某为工伤，认为该厂已对张某的家属给予了补偿，事件已经处理完毕。问：在工作时间和工作岗位突发疾病死亡的能否认定为工伤？

专家解析：

劳动者在工作中突发疾病经抢救无效死亡的情况时有发生，这类事故能否认定为工伤关系到劳动者的切身利益。《工伤保险条例》第15条规定，职工在工作时间和工作岗位，突发疾病死亡或者在48小时之内经抢救无效死亡的，视同工伤，享受工伤保险待遇。这种工伤的认定需要把握以下几点：(1)必须是在工作时间和工作岗位上突发疾病。这里的"工作时间"是广义的工作时间，既包括单位规定的正常工作时间，也包括加班加点的工作时间，还包括工作间隙中的休息时间。"工作岗位"既包括职工日常的工作岗位，也包括经用人单位指派和安排的其他工作岗位。"突发疾病"是指在上班期间职工突发职业病以外的由于职工自身原因而引起的疾病，包括与工作无关的各类疾病，如心脏病、脑出血、心肌梗塞等。(2)必须是突发疾病死亡或者在 48 小时内抢救无效死亡。职工在工作时间和工作岗位上突发疾病没有造成死亡后果,而是经紧急抢救后恢复了健康的,不构成工伤。职工在工作时间和工作岗位上突发疾病没有即刻死亡,但在 48 小时内经抢救无效死亡的,应当视同工伤。其中是否为"48 小时之内",以医疗机构的初次诊断时间作为突发疾病的起算时间。

专家支招:

本案中的张某在工作中突发脑溢血,虽经全力抢救,但仍于 32 小时后死亡。张某发病到死亡的时间没有超过 48 小时,符合工伤保险条例视同工伤的规定,应当享受工伤待遇。张某的家属完全可以提出工伤认定申请。社会保险行政部门应当认定张某之死视同工伤。如果化工厂不执行社会保险行政部门的工伤认定,张某的家属可以通过仲裁及诉讼维护自己的合法权益。

7.在维护国家利益、公共利益活动中受到伤害的能否视同工伤处理?

案例:

某公司员工赵某下班回家途中,经过一冰封的河面时,遇一在河面上玩耍的儿童落入冰窟窿中。危急时刻,赵某奋不顾身地跳入冰窟窿中,潜入河底找到落水的儿童,并将其托举出水面。儿童得救了,但赵某在施救的过程中,右手腕部被坚冰划伤,肌腱断裂,虽经治疗,但仍落下残疾。赵某向所在公司提出享受工伤待遇,但遭到拒绝。该公司认为,赵某所受伤害既不是在工作时间、工作地点,也不是因为工作需要,不属于工伤。赵某认为自己是见义勇为,是为了公共利益而受到事故伤害,应当享受工伤待遇。为此双方发生争议。问:在维护国家利益、公共利益活动中受到伤害的能否认定为工伤?

专家解析:

《工伤保险条例》第 15 条规定,职工在抢险救灾等维护国家利益、公共利益活动中受到伤害的,视同工伤,享受工伤保险待遇。"维护国家利益"是指为了减少或者避免国家利益遭受损失,职工挺身而出。"维护公共利益"是指为了减少或者避免公共利益遭受损失,职工挺身而出。国家鼓励公民见义勇为,维护国家利益和社会公共利益的行为。工伤保险条例列举了抢险救灾这种情形,是为了帮助大家更好地理解和掌握哪种情形属于维护国家利益和维护公共利益,但凡是与抢险救灾性质类似的行为,都应当认定为属于维护国家利益和维护公共利益的行为。职工因维护国家和社会公共利益而遭受伤害的视同工伤,这种情形下,职工的行为不必发生在工作时间、工作地点,发生的工伤伤害也不以发生有利的救助后果为必要条件,即只要见义勇为者已经尽力去抢险、救灾,并且因此而受到伤害,而不必一定有挽救了险情、灾情中的财产或生命后果的,即可视同工伤,应当享受工伤待遇。

专家支招:

本案中的赵某在遇到险情时,不顾个人安危,奋力抢救落水儿童,其行为是值得鼓励和赞扬的。赵某为了公共利益受到伤害致残,应当得到全社会的关爱和帮助。因此,赵某所在单位不得以任何借口剥夺赵某应当享有的权利,应当给予赵某应有的工伤待遇,否则,赵某可以向劳动争议仲裁委员会提请仲裁。

8.复转伤残军人旧伤复发的能否享受工伤待遇?

案例:

马某于 2003 年入伍在部队服役,2004 年在一次军事演习中颈椎受伤,经治疗后痊愈,2008 年退伍到某机械厂工作。一次工作中,马某在搬运生产材料时,旧伤复发。经过治疗,马某的病情得到控制。治愈后马某向机械厂要求工伤待遇。该机械厂认为马某是旧伤复发,而不是在本单位工作中发生的伤害,不属于工伤,拒绝给予马某工伤待遇。问:复转伤残军人旧伤复发的能否享受工伤待遇?

专家解析:

《工伤保险条例》第 15 条规定,职工原在部队服役,因战、因公负伤致残,已取得革命伤残军人证,到用人单位后旧伤复发的,视同工伤,享受除一次性伤残补助金以外的工伤保险待遇。工伤保险适用于各类企业的职工和个体工商户的雇工。原在部队服役,因战、因公负伤致残,已取得革命伤残军人证的复转军人进入企业成为企业的职工后,就享有了工伤保险待遇资格,当其旧病复发时,可以享受一次性伤残补助金以外的工伤保险待遇。认定这种工伤情形,应当符合以下要件:

(1)职工负伤致残必须是原在部队服役时因作战或因公负伤所致。其中因公致残应当是在医疗终结后,经过伤残鉴定,符合评残条件,被认定为伤残的。"因战致残"是指:①对敌作战致残;②因执行任务,或者被俘、被捕后不屈致残;③因抢救和保护国家财产、人民生命财产或者参加处置突发事件致残;④因执行军事演习、战备航行飞行、空降核导弹发射训练、试航试飞任务以及参加武器装备科研实验致残等。"因公致残"是指：①在执行任务中或者上下班途中，由于意外事件致残；②被认定为因战、因公致残后旧伤复发；③因患职业病致残；④在执行任务中或者在工作岗位上因病致残，或者因医疗事故致残等。

（2）必须已取得残废军人证明，即应当已经取得了《革命残废军人证》。

（3）必须是旧伤复发。"旧伤复发"是指职工在军队服役期间，因战、因公负伤致残，并取得了革命伤残军人证，到用人单位工作后，其在军队服役期间因战、因公负伤的伤害部位(伤口)发生变化，需要进行治疗或者相关救治的情形。

专家支招：

军人服役期间负伤留有残疾的，即便转业到地方工作，旧伤复发的，国家也会给予他们必要的保障。本案中的马某在部队服役期间受伤，转业到地方工作中旧伤复发，能否被认定为工伤，享受工伤待遇，关键要看是否符合上述视同工伤的条件。如果马某已经取得残废军人证明，又确系在工作中旧伤复发的，马某所在单位对其旧伤应当视同工伤处理，而不得拒绝给予其工伤待遇。如果双方为此发生争议不能达成一致的，马某可以申请劳动争议仲裁委员会进行仲裁。

9.不得认定为工伤或者视同工伤的情况有哪些？

案例：

田某是某钢厂工人，平时爱喝酒，酒后常常闹事。一日中午，田某在小饭店喝了3两白酒，然后上岗工作。工作中，田某与同班组的工人王某因琐事发生口角，互不相让。田某借着酒劲先动起手来，于是双方互殴，结果田某被王某打伤。为此，田某花掉医药费5000余元，并因住院治疗产生其他费用近2000元。田某多次向王某索要损失费用，都被拒绝。于是田某要求工厂报销医疗费及其他费用，并享受工伤待遇。钢铁厂认为，田某与王某互殴事件虽然是发生在工作时间和工作地点，但并非由于工作原因，所以田某所受伤害不得认定为或视同为工伤。田某不服工厂的处理，向劳动争议仲裁机构申请仲裁。问：哪些情况不得认定为工伤或者视同工伤？

专家解析：

《工伤保险条例》第16条规定，职工虽然符合《工伤保险条例》第14条、第15条规定，但有下列情形之一的，不得认定为工伤或者视同工伤：

（1）故意犯罪的。犯罪是指违反刑事法律规定，应当承担刑事责任的行为。故意犯罪是指明知自己的行为会发生危害社会的结果，并且希望或者放任这种结果发生，因而构成犯罪的。故意犯罪是指行为人在故意的心理状态下实施的犯罪，是犯罪构成要件中主观方面的一种心理状态。职工因故意实施犯罪行为，即使是在工作时间、工作地点以及因工作原因而导致伤亡的，不得认定或视同为工伤。但因过失犯罪或者违反治安管理伤亡的除外。

（2）醉酒或者吸毒的。因酗酒或者吸毒造成的伤害可能是由于酗酒或者吸毒本身对身体引起的伤害，也可能是由于酗酒或者吸毒而导致的其他意外伤害。无论是哪种伤害，也无论是否发生在工作时间、工作地点以及是否因工作原因，均不得作为工伤处理。

（3）自残或者自杀的。自残是指通过各种手段和方法伤害自己的身体,并造成伤害结果的行为。自杀是指通过各种手段和方法结束自己生命的行为。无论职工的自残、自杀行为发生在何时、何地、何种原因,用人单位都无需对这种个人行为负任何责任,该行为也不得以工伤论处。

专家支招:

本案处理的关键在于对田某所受伤害的性质的认定。田某虽然是在工作时间、工作岗位上受到伤害,但并非是由于工作原因,这种情况不能按照或者视同工伤处理,因此,钢铁厂没有义务为田某报销医药费和其他费用,更没有给予其工伤待遇的责任。根据本案的情况,田某如果要获得赔偿,应当向王某提出请求,如果双方对此不能达成协议的,田某可以向人民法院提起民事诉讼。

10.工伤认定由谁来申报?

案例:

谢某是某汽车修理厂的技术工人。一次工作中,谢某发现一架机器有故障,建议组长停机并进行检修。组长同意停车检修,并拉下了电闸。谢某在检修机器中,因误开电闸,被突然转动的电动机绞伤右臂,虽经及时就医治疗,但终未能保住右臂,落下终身残疾。事故发生后,谢某要求认定工伤。问:工伤认定应当由谁来申报?

专家解析:

工伤认定应当按照法定的程序进行。根据《工伤保险条例》规定,伤害事故发生后,下列人员和组织有权申报工伤:(1)工伤职工所在单位。

工伤保险条例实行的是雇主责任原则，用人单位在工伤事故中承担主要责任，因此，工伤认定申请一般由用人单位主动申报。(2)工伤职工及其家属。工伤保险条例规定了由用人单位申报工伤的同时，还规定职工本人及其家属可以申请工伤认定，这样就可以避免因用人单位拒绝申请工伤认定而损害劳动者利益。工伤职工及其家属申请工伤认定一般都是在用人单位未按有关规定提出工伤认定申请的前提下进行的。(3)工会组织。工会是维护职工权益的专门性群众组织。能够为工伤职工申请工伤认定的工会组织，既包括工伤职工所在单位的工会组织，也包括符合《中华人民共和国工会法》规定的各级工会组织。

专家支招:

可见,本案中的谢某申请工伤认定可以通过三种途径:一是由所在的汽车修理厂申请工伤认定;二是如果汽车修理厂不提出申请或者拒绝提出申请的,谢某本人或者其家属可以自行申请工伤认定。三是如果谢某或者其家属没有能力申请的,也可以由谢某所在的汽车修理厂的工会组织或者其他工会组织申请工伤认定。谢某或者其近亲属、汽车修理厂的申请如果不被受理的,可以依法申请行政复议或者提起行政诉讼。

11.工伤认定申请应当向什么部门提出?

案例:

汪某是某有限公司的汽车司机。一日深夜,汪某驾驶公司汽车运送货物,途中被三名歹徒拦截。汪某奋力反抗,被一名歹徒用刀刺中腹部。

随后,三名歹徒将汪某抛出车外,驾车逃离。汪某被路人救下,送往医院抢救后脱离生命危险。汪某向警方报案后,案件侦破工作一直没有进展。汪某向公司提出工伤认定,但公司不同意认定工伤,理由是汪某因歹徒行凶受伤,理应等到案件侦破后提起附带民事赔偿,不应向公司要钱。汪某不服,决定向有关部门申请工伤认定。问:工伤认定申请应当向什么部门提出?

专家解析:

　　负责工伤认定的机构是社会保险行政部门。工伤认定申请应当由发生事故的职工所在单位直接向其所在地统筹地区社会保险行政部门提出。统筹地区的社会保险行政部门分为省级的社会保险行政部门和设区的市级的社会保险行政部门。根据《工伤保险条例》第17条和《工伤认定办法》第4条、第5条规定,职工发生事故伤害或者按照职业病防治法规定被诊断、鉴定为职业病,所在单位应当自事故伤害发生之日或者被诊断、鉴定为职业病之日起30日内,向统筹地区社会保险行政部门提出工伤认定申请。应当向省级社会保险行政部门提出工伤认定申请的,根据属地原则应当向用人单位所在地设区的市级社会保险行政部门提出。用人单位未在规定的时限内提出工伤认定申请的,受伤害职工或者其近亲属、工会组织在事故伤害发生之日或者被诊断、鉴定为职业病之日起1年内,可以直接向统筹地区社会保险行政部门提出工伤认定申请。应当向省级社会保险行政部门提出工伤认定申请的,根据属地原则应当向用人单位所在地设区的市级社会保险行政部门提出。

专家支招:

　　本案正常而言,汪某的工伤认定申请本应由汪某所在公司提出,如果该公司拒不申请的,汪某可以自行向社会保险行政部门提出申请。该公司办理了工伤保险的,应当按照工伤保险条例统筹范围,向该公司缴纳保险费所在地的设区的市级社会保险行政部门提出工伤认定申请，如果参加的是省级工伤保险，该事故伤害即属于应当由省级社会保险行政部门进行工伤认定的事项，根据属地原则应当由该厂所在地的设区的市一级社会保险行政部门办理。如果汽车修理厂没有参加工伤保险的，由该厂所在地的设区的市一级社会保险行政部门办理。

12.申请工伤认定应当在什么期间内提出？

案例：

同案例11。问：工伤认定申请应当在什么期间内提出？

专家解析：

根据《工伤保险条例》第17条和《工伤认定办法》第4条、第5条规定，工伤认定申请应当按照以下时间要求提出：(1)用人单位提出工伤认定申请的，应当自事故伤害发生之日或者被诊断、鉴定为职业病之日起30日内，向统筹地区社会保险行政部门提出工伤认定申请。遇有特殊情况，经报社会保险行政部门同意，申请时限可以适当延长。(2)受伤害职工或者其近亲属、工会组织提出工伤认定申请的，应当自事故伤害发生之日起或者职工被诊断、鉴定为职业病之日起1年内提出。

专家支招：

提醒劳动者注意的是，提出工伤认定申请是有期间限制的，事故伤害发生后，用人单位及劳动者应当在有效的期间内提出申请。劳动者应当积极敦促用人单位遵守申请期间，避免因超出法定申请期间而使自己的合法权益遭受损害。本案中,汪某应当在事故伤害发生之日起1年内向社会保险行政部门提出工伤认定申请。如果该有限公司或工会组织提出工伤认定申请的,应当在事故伤害发生之日起30日内提出。用人单位未在规定时限内提交工伤认定申请的,此期间发生的符合工伤保险条例规定的工伤待遇等有关费用,由用人单位负担。

13.申请工伤认定应当提交哪些材料?

案例:

张某是某工厂合同制工人。一日,张某骑自行车上班途中与一摩托车相撞并受伤,被送往医院治疗。交警部门认定张某横过机动车道没有下车推行,应负事故的次要责任。张某持《交通事故认定书》向社会保险行政部门申请工伤认定,被告知应当提交相关材料。问:申请工伤认定应当提交哪些材料?

专家解析:

根据《工伤保险条例》第18条和《工伤认定办法》第6条规定,提出工伤认定申请应当提交下列材料:

(1)工伤认定申请表。提出工伤认定申请应当填写《工伤认定申请表》。工伤认定申请表应当包括事故发生的时间、地点、原因以及职工伤害程度等基本内容,样式由劳动保障部统一制定。

(2)与用人单位存在劳动关系(包括事实劳动关系)的证明材料。如劳动、聘用合同文本复印件或者与用人单位存在劳动关系(包括事实劳动关系)、人事关系的其他证明材料。

(3)医疗机构出具的受伤后诊断证明书或者职业病诊断证明书(或者职业病诊断鉴定书)。

工伤认定申请人提供材料不完整的,社会保险行政部门应当场或者在 15 个工作日内,以书面形式一次性告知工伤认定申请人需要补正的全部材料。申请人按照书面告知要求补正材料后,社会保险行政部门应当受理。申请材料完整,属于社会保险行政部门管辖范围且在受理时效内的,社会保险行政部门应当受理。社会保险行政部门受理或者不予受理的,应当书面告知申请人并说明理由。工伤认定申请人提交的申请材料符合要求,属于社会保险行政部门管辖范围且在受理时限内的,社会保险行政部门应当受理。

专家支招:

本案中,张某申请工伤认定应当向社会保险行政部门提交以下材料:工伤认定申请表、劳动合同书、诊断证明书、交通事故认定书、证人证言以及身份证复印件等。

张某在提交工伤认定申请材料时应注意:(1)工伤认定申请表的样式由国务院社会保险行政部门统一制定,只需按照表格所列事项填写即可。工伤认定申请表应当载明以下主要内容:单位名称、法定代表人、单位性质、单位地址、职工姓名、性别、年龄、出生年月、身份证号码、联系方式、家庭住址、工种、事故时间、伤害部位、诊断时间、接触有毒有害物质的时间、职业病名称、伤害程度、伤害简要经历、事故单位意见、工伤职工或家属意见、主管部门意见、工商认定机构的意见等。(2)对于只存在事实劳动关系而无法提供劳动合同的,只需提供能够证明事实劳动关系的材料即可,如工资报酬的领取证明、工友同事的书面证明等。(3)医师出具的有关工伤的医疗证明文件,医师本人必须签名,并能够对医疗证明的真实性承担法律责任。

附:《工伤认定申请表》样本

编号:

工伤认定申请表

申请人:

受伤害职工:

申请人与受伤害职工关系:

填表日期: 年 月 日

职工姓名		性别		出生日期	年 月 日
身份证号码				联系电话	
家庭地址				邮政编码	
工作单位				联系电话	
单位地址				邮政编码	
职业、工种或工作岗位				参加工作时间	
事故时间、地点及主要原因				诊断时间	
受伤害部位				职业病名称	
接触职业病危害岗位				接触职业病危害时间	

受伤害经过简述（可附页）	
申请事项： 申请人签字： 年　月　日	
用人单位意见： 经办人签字（公章） 年　月　日	
社会保险行政部门审查资料和受理意见	经办人签字： 年　月　日 负责人签字：（公章） 年　月　日

接上表：

备注：

填表说明：

1.用钢笔或签字笔填写,字体工整清楚。

2.申请人为用人单位的,在首页申请人处加盖单位公章。

3.受伤害部位一栏填写受伤害的具体部位。

4.诊断时间一栏,职业病者,按职业病确诊时间填写;受伤或死亡的,按初诊时间填写。

5.受伤害经过简述,应写明事故发生的时间、地点,当时所从事的工作,受伤害的原因以及伤害部位和程度。职业病患者应写明在何单位从事何种有害作业,起止时间,确诊结果。

6. 申请人提出工伤认定申请时,应当提交受伤害职工的居民身份证;医疗机构出具的职工受伤害时初诊诊断证明书,或者依法承担职业病诊断的医疗机构出具的职业病诊断证明书（或者职业病诊断鉴定书）;职工受伤害或者诊断患职业病时与用人单位之间的劳动、聘用合同或者其他存在劳动、人事关系的证明。

有下列情形之一的,还应当分别提交相应证据：

(1)职工死亡的,提交死亡证明;

(2)在工作时间和工作场所内,因履行工作职责受到暴力等意外伤害的,提交公安部门的证明或者其他相关证明;

(3)因工外出期间,由于工作原因受到伤害或者发生事故下落不明

的,提交公安部门的证明或者相关部门的证明;

(4)上下班途中,受到非本人主要责任的交通事故或者城市轨道交通、客运轮渡、火车事故伤害的,提交公安机关交通管理部门或者其他相关部门的证明;

(5)在工作时间和工作岗位,突发疾病死亡或者在 48 小时之内经抢救无效死亡的,提交医疗机构的抢救证明;

(6)在抢险救灾等维护国家利益、公共利益活动中受到伤害的,提交民政部门或者其他相关部门的证明;

(7)属于因战、因公负伤致残的转业、复员军人,旧伤复发的,提交《革命伤残军人证》及劳动能力鉴定机构对旧伤复发的确认。

7.申请事项栏,应写明受伤害职工或者其近亲属、工会组织提出工伤认定申请并签字。

8.用人单位意见栏,应签署是否同意申请工伤,所填情况是否属实,经办人签字并加盖单位公章。

9.社会保险行政部门审查资料和受理意见栏,应填写补正材料或是否受理的意见。

10.此表一式二份,社会保险行政部门、申请人各留存一份。

说明:劳动者或其近亲属申请工伤认定的,单位意见栏经办人签字、加盖公章不是必需的。

14.社会保险行政部门是否可以对事故伤害进行调查核实?

✿ ✿ ✿

案例:

张某工作中受到事故伤害,造成身体残疾。张某所在的工厂拒不申请工伤认定。无奈,张某的家属向社会保险行政部门申请工伤认定。社会保险行政部门受理申请后,根据需要决定对事故伤害进行现场调查核实,但张某所在工厂拒绝配合和协助,认为没有必要。问:认定工伤时,社会保险行政部门是否可以对事故伤害进行调查核实?

专家解析:

根据工伤保险条例和工伤认定办法的规定,社会保险行政部门受理工伤认定申请后,根据审核需要可以对事故伤害进行调查核实,用人单位、职工、工会组织、医疗机构以及有关部门应当予以协助。职业病诊断和诊断争议的鉴定,依照职业病防治法的有关规定执行。社会保险行政部门在进行工伤认定时,对依法取得职业病诊断证明书或者职业病诊断鉴定书的,社会保险行政部门不再进行调查核实,对不符合国家规定的格式和要求的职业病诊断证明书或者职业病诊断鉴定书,可以要求出具证据部门重新提供。

社会保险行政部门工作人员进行调查核实时,可以根据工作需要,进入有关单位和事故现场;依法查阅与工伤认定有关的资料,询问有关人员;记录、录音、录像和复制与工伤认定有关的资料。在行使上述职权的同时,社会保险行政部门工作人员还应当履行保守有关单位商业秘密及个人隐私和为提供情况的有关人员保密的义务。

专家支招:

本案中张某所在的工厂拒绝社会保险行政部门调查的行为是违法的。根据工伤保险条例和工伤认定办法的规定,该工厂违反规定,拒不协助社会保险行政部门对事故进行调查核实的,由社会保险行政部门责令改正,处2000元以上20000元以下的罚款。

15.职工或者其近亲属认为是工伤而用人单位不认为是工伤的怎么办？

案例：

王某在某建筑公司工作。在一次商品房建设中，王某从三楼摔到地上致重伤。经过一个多月的住院治疗，王某的伤势基本好转，但造成了终身残疾。王某提出退出工作岗位并享受工伤待遇。公司批准了王某的离岗请求，同意支付王某工资和生活补助费，但不同意给予王某工伤待遇，对伤残补助金、失业保险金等社会保险待遇不予支付。王某与建筑公司多次协商均未果，于是申请工伤认定。问：职工或者其近亲属认为是工伤而用人单位不认为是工伤的怎么办？

专家解析：

这个问题涉及举证责任的承担。工伤认定中不适用"谁主张，谁举证"的一般证据规则，而是"举证责任倒置"，即由用人单位承担举证责任。当职工与用人单位对工伤认定存在争议，即职工或者其直系亲属认为是工伤，用人单位不认为是工伤时，根据《工伤保险条例》第19条和《工伤认定办法》第17条规定，由该用人单位承担举证责任，即需要用人单位拿出证据证明职工的伤害不符合法律规定的认定工伤或者视同工伤的条件，不应当认定为工伤或者视同工伤处理。用人单位如果拒不举证的，社会保险行政部门可以根据受伤害职工提的证据或者调查取得的证据，依法作出工伤认定决定。

专家支招：

本案中，王某与建筑公司在工伤认定上存在争议，这时就需要建筑公司承担证明王某的伤害不得认定为工伤或者视同工伤的证据，如果不能证明，就应当依法对王某认定为工伤。工伤认定中往往涉及对诸多材料的举证。如果是职工申请认定的，一般情况下职工要对劳动关系的成立、受伤的过程及医疗资料进行举证。像职工花名册、工资支付单等材料，由于多为用人单位拟定并保管，为保障职工的合法权益得到维护，这些材料的举证责任由用人单位承担。

16.社会保险行政部门应当在什么期限内作出认定工伤决定？

案例：

张某在某公司供职，但未与公司签订劳动合同。某日，张某在公司主办的展览活动中被高空坠下的展板砸伤右腿，造成粉碎性骨折，虽经及时治疗，但仍导致残疾。张某要求公司认定工伤。但该公司认为，张某来其公司任职不过10日，双方没有签订劳动合同，不存在劳动关系，因此，只同意给予一定的赔偿，不同意给予工伤待遇。张某不服，向当地社会保险行政部门申请工伤认定。社会保险行政部门受理了张某的申请。问：社会保险行政部门应当在什么期限内作出认定工伤决定？

专家解析：

根据《工伤保险条例》第20条和《工伤认定办法》第18条规定，(1)社会保险行政部门应当自受理工伤认定申请之日起60日内作出工伤认定的决定，并书面通知申请工伤认定的职工或者其直系亲属和该职工所在单位。"受理工伤认定申请之日"是指相关社会保险行政部门收到符合条件的工伤认定申请并予以立案之日。(2)对受理的事实清楚、权利义务明确的工伤认定申请,社会保险行政部门应当在 15 日内作出工伤认定的决定。针对社会上一直反映工伤认定、鉴定和争议处理程序复杂、时间过长的问题,现行工伤保险条例增加了对"事实清楚、权利义务明确"的工伤认定申请,应当在 15 日内作出工伤认定的决定。这一规定对一些事实清楚权利义务明确的工伤案件要求使用简易程序快速作出认定,期限定为 15 日,这样此类案件的工伤认定就不受原 60 日内作出工伤认定的限制。"事实清楚、权利义务明确"的情形一般是指由单位报请工伤认定的申请, 如果是职工申请工伤认定往往会存在单位不配合的情况, 甚至有些单位否认双方存在劳动关系以及否认存在工伤事实,这类工伤认定不宜适用简易程序。(3)社会保险行政部门受理工伤认定申请后, 作出工伤认定决定需要以司法机关或者有关行政主管部门的结论为依据的, 在司法机关或者有关行政主管部门尚未作出结论期间,作出工伤认定决定的时限中止,并书面通知申请人。实践当中,如果职工和用人的单位就是否存在劳动关系存在争议的,那么,劳动者必须申请劳动仲裁或是向有关部门反映情况, 要求确认双方存在劳动关系。期间,工伤认定机关不得以此为理由退回职工报送的申请材料,待劳动关系有明确确认结果后,工伤认定部门应该继续进行工伤认定。

专家支招:

社会保险行政部门做出的认定决定包括:认定工伤决定、不予认定工伤决定、视同工伤决定和不视同工伤决定。这些决定都应当在法定期限内作出。结合本案的情况看,由于张某所在公司未申请工伤认定,且否认双方存在劳动关系以及工伤事实,因此,张某个人提出的工伤认定申请就不属于"事实清楚、权利义务明确"的工伤认定申请,也就不适用社会保险行政部门应当在15日内作出工伤认定决定的规定。社会保险行政部门应当在受理工伤认定申请之日起60日内作出工伤认定的决定。但本案应当注意的是,如果在工伤认定过程中张某所在的公司仍坚持否认双方之间存在劳动关系,张某应当向劳动争议仲裁委员会申请仲裁,这时,社会保险行政部门工伤认定的期限中止,待劳动争议仲裁委员会作出裁决后继续进行工伤认定,出具《认定工伤决定书》或者《不予认定工伤决定书》。

17.工伤认定决定应当载明哪些内容?

案例:

　　吴某在工作中受到事故伤害。吴某所在的食品厂对吴某的伤害向当地社会保险行政部门申请工伤认定。社会保险行政部门受理申请后,经过调查核实,认定吴某所受事故伤害为工伤,出具了《认定工伤决定书》,并送达吴某和食品厂,同时抄送社会保险经办机构。问:工伤认定决定应当载明哪些内容?如何送达?

专家解析:

　　《工伤保险条例》第20条规定,社会保险行政部门应当自受理工伤认定申请之日起60日内作出工伤认定的决定,并书面通知申请工伤认定的职工或者其近亲属和该职工所在单位。社会保险行政部门对受理的事实清楚、权利义务明确的工伤认定申请,应当在15日内作出工伤认定的决定。作出工伤认定决定需要以司法机关或者有关行政主管部门的结论为依据的，在司法机关或者有关行政主管部门尚未作出结论期间,作出工伤认定决定的时限中止。《工伤认定办法》第18条规定,社会保险行政部门应当自受理工伤认定申请之日起60日内作出工伤认定决定,出具《认定工伤决定书》或者《不予认定工伤决定书》。

根据《工伤认定办法》第19条规定,《认定工伤决定书》应当载明下列事项:

(1)用人单位全称;

(2)职工的姓名、性别、年龄、职业、身份证号码;

(3)受伤部位、事故时间和诊治时间或职业病名称、受伤害经过和核实情况、医疗救治的基本情况和诊断结论;

(4)认定为工伤、视同工伤或认定为不属于工伤、不视同工伤的依据;

(5)认定结论;

(6)不服认定决定申请行政复议或者提起行政诉讼的部门和时限;

(7)作出认定工伤或者视同工伤决定的时间。

《不予认定工伤决定书》应当载明下列事项:

(1)用人单位全称;

(2)职工的姓名、性别、年龄、职业、身份证号码;

(3)不予认定工伤或者不视同工伤的依据;

(4)不服认定决定申请行政复议或者提起行政诉讼的部门和时限;

(5)作出不予认定工伤或者不视同工伤决定的时间。

《认定工伤决定书》和《不予认定工伤决定书》应当加盖社会保险行政部门工伤认定专用印章。工伤认定结束后,社会保险行政部门应当将工伤认定的有关资料保存50年。

根据《工伤认定办法》第22条规定,社会保险行政部门应当自工伤认定决定作出之日起20日内,将《认定工伤决定书》或者《不予认定工伤决定书》送达受伤害职工(或者其近亲属)和用人单位,并抄送社会保险经办机构。送达可以参照民事法律的有关规定采用以下方式进行:(1)直接送达,即将《认定工伤决定书》和《不予认定工伤决定书》直接送达给受送达人;(2)留置送达,即受送达人无理由拒收送达文书时,送达人依法将《认定工伤决定书》和《不予认定工伤决定书》留放在受送达人的住处,即视为送达;(3)委托送达,即直接送达有困难的,作出工伤认定决定的社会保险行政部门将《认定工伤决定书》和《不予认定工伤决定书》委托其他社会保险行政部门送达;(4)邮寄送达,即使用邮寄的方法,将《认定工伤决定书》和《不予认定工伤决定书》送交受送达人;(5)转交送达,即社会保险行政部门将需要送达的《认定工伤决定书》和《不予认定工伤决定书》交受送达人所在单位代收;(6)公告送达,即社会保险行政部门将应送达的《认定工伤决定书》和《不予认定工伤决定书》的内容向社会公开宣告,自发出公告之日起经过60日,即视为送达。

专家支招:

本案中,吴某如果对社会保险行政部门作出的工伤认定决定不服,可以根据《工伤认定办法》第23条规定,依法申请行政复议或者提起行政诉讼。

 ## 18.什么是职业病? 职业病包括哪些疾病?

案例:

杨某在某水泥厂工作,长期接触粉尘。近段时间以来,杨某与许多工友一样都感到身体不适,时常咳嗽,并呼吸困难。工厂安排杨某等7

人到当地医院检查,7人均被查出患上了尘肺病,患病程度从一期到三期不等。事件发生后,水泥厂分别对杨某等人给予了赔偿。但杨某等人认为工厂没有按照规定给予他们工伤待遇,于是向有关机构申请仲裁。问:什么是职业病? 职业病包括哪些疾病?

专家解析:

《中华人民共和国职业病防治法》(以下简称《职业病防治法》)第2条规定,本法所称职业病,是指企业、事业单位和个体经济组织等用人单位的劳动者在职业活动中,因接触粉尘、放射性物质和其他有毒、有害因素而引起的疾病。职业病是工伤,用人单位应当给予患有职业病的劳动者工伤待遇。任何用人单位因劳动者依法行使正当权利而降低其工资、福利等待遇或者解除、终止与其订立的劳动合同的,均属无效。

职业病的分类和目录由国务院卫生行政部门会同国务院安全生产监督管理部门、劳动保障行政部门制定、调整并公布。根据国家卫生计生委、安全监管总局、人力资源社会保障部和全国总工会 2013 年 12 月 23 日联合颁布的《职业病分类和目录》规定,法定的职业病包括:

(1)职业性尘肺病及其他呼吸系统疾病。①尘肺病。具体包括:矽肺;煤工尘肺;石墨尘肺;碳黑尘肺;石棉肺;滑石尘肺;水泥尘肺;云母尘肺;陶工尘肺;铝尘肺;电焊工尘肺;铸工尘肺;根据《尘肺病诊断标准》和《尘肺病理诊断标准》可以诊断的其他尘肺病。②其他呼吸系统疾病。具体包括:过敏性肺炎;棉尘病;哮喘;金属及其化合物粉尘肺沉着病(锡、铁、锑、钡及其化合物等);刺激性化学物所致慢性阻塞性肺疾病;硬金属肺病。

(2)职业性皮肤病。具体包括:接触性皮炎;光接触性皮炎;电光性皮炎;黑变病;痤疮;溃疡;化学性皮肤灼伤;白斑;根据《职业性皮肤病的诊断总则》可以诊断的其他职业性皮肤病。

（3）职业性眼病。具体包括：化学性眼部灼伤；电光性眼炎；白内障（含放射性白内障、三硝基甲苯白内障）。

（4）职业性耳鼻喉口腔疾病。具体包括：噪声聋；铬鼻病；牙酸蚀病；爆震聋。

（5）职业性化学中毒。具体包括：铅及其化合物中毒（不包括四乙基铅）；汞及其化合物中毒；锰及其化合物中毒；镉及其化合物中毒；铍病；铊及其化合物中毒；钡及其化合物中毒；钒及其化合物中毒；磷及其化合物中毒；砷及其化合物中毒；铀及其化合物中毒；砷化氢中毒；氯气中毒；二氧化硫中毒；光气中毒；氨中毒；偏二甲基肼中毒；氮氧化合物中毒；一氧化碳中毒；二硫化碳中毒；硫化氢中毒；磷化氢、磷化锌、磷化铝中毒；氟及其无机化合物中毒；氰及腈类化合物中毒；四乙基铅中毒；有机锡中毒；羰基镍中毒；苯中毒；甲苯中毒；二甲苯中毒；汽油中毒；一甲胺中毒；有机氟聚合物单体及其热裂解物中毒；二氯乙烷中毒；四氯化碳中毒；氯乙烯中毒；三氯乙烯中毒；氯丙烯中毒；氯丁二烯中毒；苯的氨基及硝基化合物（不包括三硝基甲苯）中毒；三硝基甲苯中毒；甲醇中毒；酚中毒；五氯酚（钠）中毒；甲醛中毒；硫酸二甲酯中毒；丙烯酰胺中毒；二甲基甲酰胺中毒；有机磷中毒；氨基甲酸酯类中毒；杀虫脒中毒；溴甲烷中毒；拟除虫菊酯类中毒；铟及其化合物中毒；溴丙烷中毒；碘甲烷中毒；氯乙酸中毒；环氧乙烷中毒；上述条目未提及的与职业有害因素接触之间存在直接因果联系的其他化学中毒。

（6）物理因素所致职业病。具体包括：中暑；减压病；高原病；航空病；手臂振动病；激光所致眼（角膜、晶状体、视网膜）损伤；冻伤。

（7）职业性放射性疾病。具体包括：外照射急性放射病；外照射亚急性放射病；外照射慢性放射病；内照射放射病；放射性皮肤疾病；放射性肿瘤（含矿工高氡暴露所致肺癌）；放射性骨损伤；放射性甲状腺疾病；放射性性腺疾病；放射复合伤；根据《职业性放射性疾病诊断标准（总则）》

可以诊断的其他放射性损伤。

(8)职业性传染病。具体包括：炭疽；森林脑炎；布鲁氏菌病；艾滋病(限于医疗卫生人员及人民警察)；莱姆病。

(9)职业性肿瘤。具体包括：石棉所致肺癌、间皮瘤；联苯胺所致膀胱癌；苯所致白血病；氯甲醚、双氯甲醚所致肺癌；砷及其化合物所致肺癌、皮肤癌；氯乙烯所致肝血管肉瘤；焦炉逸散物所致肺癌；六价铬化合物所致肺癌；毛沸石所致肺癌、胸膜间皮瘤；煤焦油、煤焦油沥青、石油沥青所致皮肤癌；β－萘胺所致膀胱癌。

(10)其他职业病。具体包括：金属烟热；滑囊炎(限于井下工人)；股静脉血栓综合征、股动脉闭塞症或淋巴管闭塞症(限于刮研作业人员)。

专家支招：

职业病对劳动者健康危害极大,积极预防和治疗都十分重要。在职业病预防上，一方面用人单位应当为劳动者创造符合国家职业卫生标准和卫生要求的工作环境和条件，并采取措施保障劳动者获得职业卫生保护；建立、健全职业病防治责任制,加强对职业病防治的管理,提高职业病防治水平,对本单位产生的职业病危害承担责任；用人单位的主要负责人对本单位的职业病防治工作全面负责；用人单位必须依法参加工伤保险。另一方面,劳动者也应当防患于未然,通过充分行使法律赋予的以下卫生保护权利来积极防护职业病的发生：(1)获得职业卫生教育、培训；(2)获得职业健康检查、职业病诊疗、康复等职业病防治服务；(3)了解工作场所产生或者可能产生的职业病危害因素、危害后果和应当采取的职业病防护措施；(4)要求用人单位提供符合防治职业病要求的职业病防护设施和个人使用的职业病防护用品,改善工作条件；(5)对违反职业病防治法律、法规以及危及生命健康的行为提出批评、检举和控告；(6)拒绝违章指挥和强令进行没有职业病防护措施的作业;(7)参与用人单位职业卫生工作的民主管理,对职业病防治工作提出意见和建议。用人单位应当保障劳动者行使上述所列权利。

19.用人单位在职业病防治方面必须履行哪些义务？

案例：

　　某瓷砖腰线生产厂有一名女工来月经后流血不止，经医院诊断为"再生障碍性贫血"。这是一种骨髓造血组织减少,造血功能衰竭,导致全血细胞减少的综合病征,严重者可危及性命。之后,该厂陆续又有六名女工被检查出患有此病。经省、市职防部门鉴定,此为长期吸入高浓度的苯所引起的职业病。导致悲剧发生的原因是该工厂没有采取必要的职业病防护措施。这家工厂使用的有机溶剂原料苯含量大大高出 4% 的国家标准, 最高竟达 98%。工人们长期在没有防护设施保护的情况下,只戴双棉纱手套就直接接触生产原料。问:用人单位在职业病防治方面有哪些义务？

专家解析：

　　根据《职业病防治法》规定,用人单位应当采取以下措施防治职业病：

　　(1)产生职业病危害的用人单位的设立除应当符合法律、行政法规规定的设立条件外,其工作场所还应当符合以下职业卫生要求:职业病危害因素的强度或者浓度符合国家职业卫生标准; 有与职业病危害防护相适应的设施;生产布局合理,符合有害与无害作业分开的原则;有配套的更衣间、洗浴间、孕妇休息间等卫生设施;设备、工具、用具等设施符合保护劳动者生理、心理健康的要求;法律、行政法规和国务院卫生行政部门、安全生产监督管理部门关于保护劳动者健康的其他要求。

（2）用人单位设有依法公布的职业病目录所列职业病的危害项目的,应当及时、如实向卫生行政部门申报,接受监督。

（3）新建、扩建、改建建设项目和技术改造、技术引进项目（以下统称建设项目）可能产生职业病危害的,建设单位在可行性论证阶段应当向卫生行政部门提交职业病危害预评价报告。职业病危害预评价报告应当对建设项目可能产生的职业病危害因素及其对工作场所和劳动者健康的影响作出评价,确定危害类别和职业病防护措施。

（4）用人单位应当采取以下职业病防治管理措施:设置或者指定职业卫生管理机构或者组织,配备专职或者兼职的职业卫生专业人员,负责本单位的职业病防治工作;制定职业病防治计划和实施方案;建立、健全职业卫生管理制度和操作规程;建立、健全职业卫生档案和劳动者健康监护档案;建立、健全工作场所职业病危害因素监测及评价制度;建立、健全职业病危害事故应急救援预案。

（5）用人单位必须采用有效的职业病防护设施,并为劳动者提供个人使用的职业病防护用品,职业病防护用品必须符合防治职业病的要求;不符合要求的,不得使用。

（6）用人单位应当优先采用有利于防治职业病和保护劳动者健康的新技术、新工艺、新材料,逐步替代职业病危害严重的技术、工艺、材料。

（7）产生职业病危害的用人单位,应当在醒目位置设置公告栏,公布有关职业病防治的规章制度、操作规程、职业病危害事故应急救援措施和工作场所职业病危害因素检测结果。对产生严重职业病危害的作业岗位,应当在其醒目位置,设置警示标识和中文警示说明。警示说明应当载明产生职业病危害的种类、后果、预防以及应急救治措施等内容。

（8）对可能发生急性职业损伤的有毒、有害工作场所，用人单位应当设置报警装置，配置现场急救用品、冲洗设备、应急撤离通道和必要的泄险区。对放射工作场所和放射性同位素的运输、贮存，用人单位必须配置防护设备和报警装置，保证接触放射线的工作人员佩戴个人剂量计。对职业病防护设备、应急救援设施和个人使用的职业病防护用品，用人单位应当进行经常性的维护、检修，定期检测其性能和效果，确保其处于正常状态，不得擅自拆除或者停止使用。

（9）用人单位应当实施由专人负责的职业病危害因素日常监测，并确保监测系统处于正常运行状态；定期对工作场所进行职业病危害因素检测、评价，检测、评价结果存入用人单位职业卫生档案，定期向所在地卫生行政部门报告并向劳动者公布；发现工作场所职业病危害因素不符合国家职业卫生标准和卫生要求时，应当立即采取相应治理措施，仍然达不到国家职业卫生标准和卫生要求的，必须停止存在职业病危害因素的作业，职业病危害因素经治理后，符合国家职业卫生标准和卫生要求的，方可重新作业。

（10）用人单位对采用的技术、工艺、材料，应当知悉其产生的职业病危害，对有职业病危害的技术、工艺、材料隐瞒其危害而采用的，对所造成的职业病危害后果承担责任。

（11）用人单位与劳动者订立劳动合同（含聘用合同，下同）时，应当将工作过程中可能产生的职业病危害及其后果、职业病防护措施和待遇等如实告知劳动者，并在劳动合同中写明，不得隐瞒或者欺骗。劳动者在已订立劳动合同期间因工作岗位或者工作内容变更，从事与所订立劳动合同中未告知的存在职业病危害的作业时，用人单位应当依照上述规定，向劳动者履行如实告知的义务，并协商变更原劳动合同相关条款。

（12）用人单位的负责人应当接受职业卫生培训；用人单位应当对劳动者进行上岗前的职业卫生培训和在岗期间的定期职业卫生培训。

（13）对从事接触职业病危害的作业的劳动者，用人单位应当组织上岗前、在岗期间和离岗时的职业健康检查，并将检查结果如实告知劳动者。职业健康检查费用由用人单位承担。用人单位不得安排未经上岗前职业健康检查的劳动者从事接触职业病危害的作业；不得安排有职业禁忌的劳动者从事其所禁忌的作业；对在职业健康检查中发现有与所从事的职业相关的健康损害的劳动者，应当调离原工作岗位，并妥善安置；对未进行离岗前职业健康检查的劳动者不得解除或者终止与其订立的劳动合同。

（14）用人单位应当为劳动者建立职业健康监护档案，并按照规定的期限妥善保存。职业健康监护档案应当包括劳动者的职业史、职业病危害接触史、职业健康检查结果和职业病诊疗等有关个人健康资料。劳动者离开用人单位时，有权索取本人职业健康监护档案复印件，用人单位应当如实、无偿提供，并在所提供的复印件上签章。

（15）发生或者可能发生急性职业病危害事故时，用人单位应当立即采取应急救援和控制措施，并及时报告所在地卫生行政部门和有关部门。

（16）用人单位不得安排未成年工从事接触职业病危害的作业；不得安排孕期、哺乳期的女职工从事对本人和胎儿、婴儿有危害的作业。

专家支招：

为了避免职业病的发生，在产生职业病危害的工作场所工作的劳动者应当注意用人单位提供的工作场所是否符合职业卫生要求。本案中，瓷砖腰线生产厂向劳动者提供的工作场所不符合职业卫生要求，导致多名女工患上职业病。鉴于该工厂工作场所的职业病危害因素浓度超过了国家职业卫生标准，以及提供的职业病防护设施和个人使用的职业病防护用品不符合国家职业卫生标准和卫生要等情况，违反了用人单位应当履行的职业病防止的法定义务，一方面，根据《职业病防治法》第73条规定，应当由安全生产监督管理部门给予其警告，责令限期改正，逾期不改正的，处5万元以上20万元以下的罚款；情节严重的，责令停止产生职业病危害的作业，或者提请有关人民政府按照国务院规定的权限责令关闭。另一方面，劳动者有权拒绝继续从事存在职业病危害的作业，用人单位不得因此解除与劳动者所订立的劳动合同，同时要完全履行职业病防治的义务。

20.用人单位违反职业病防治法应当承担怎样的法律责任？

案例：

　　某鞋帽厂帽盔车间的操作工人在没有任何防护设施的情况下使用801大力胶，致使30余名工人出现中毒症状，其中10人为重度苯中毒，2人死亡，1人早产，直接经济损失50余万元。究其原因，主要是该厂在项目设计、施工、投产三个过程中，建设项目的职业病防护设施没有通过卫生监督部门审查、验收，便私自投入生产，致使车间内苯浓度严重超标所致。问：用人单位违反职业病防治法应当承担怎样的法律责任？

专家解析：

　　根据《职业病防治法》规定，用人单位违反职业病防治法规定的，应当分别承担相应的法律责任。

　　建设单位违反职业病防治法规定，有下列行为之一的，由安全生产监督管理部门给予警告,责令限期改正;逾期不改正的,处10万元以上50万元以下的罚款;情节严重的,责令停止产生职业病危害的作业,或者提请有关人民政府按照国务院规定的权限责令停建、关闭:(1)未按照规定进行职业病危害预评价或者未提交职业病危害预评价报告,或者职业病危害预评价报告未经安全生产监督管理部门审核同意,开工建设的;(2)建设项目的职业病防护设施未按照规定与主体工程同时投入生产和使用的;(3)职业病危害严重的建设项目,其职业病防护设施设计未经安全生产监督管理部门审查,或者不符合国家职业卫生标准和卫生要求施工的;(4)未按照规定对职业病防护设施进行职业病危害控制效果评价、未经安全生产监督管理部门验收或者验收不合格,擅自投入使用的。

用人单位违反职业病防治法规定,有下列行为之一的,由安全生产监督管理部门给予警告,责令限期改正;逾期不改正的,处10万元以下的罚款:(1)工作场所职业病危害因素检测、评价结果没有存档、上报、公布的;(2)未采取《职业病防治法》第21条规定的职业病防治管理措施的;(3)未按照规定公布有关职业病防治的规章制度、操作规程、职业病危害事故应急救援措施的;(4)未按照规定组织劳动者进行职业卫生培训,或者未对劳动者个人职业病防护采取指导、督促措施的;(5)国内首次使用或者首次进口与职业病危害有关的化学材料,未按照规定报送毒性鉴定资料以及经有关部门登记注册或者批准进口的文件的。

用人单位违反职业病防治法规定,有下列行为之一的,由安全生产监督管理部门责令限期改正,给予警告,可以并处5万元以上10万元以下的罚款:(1)未按照规定及时、如实向安全生产监督管理部门申报产生职业病危害的项目的;(2)未实施由专人负责的职业病危害因素日常监测,或者监测系统不能正常监测的;(3)订立或者变更劳动合同时,未告知劳动者职业病危害真实情况的;(4)未按照规定组织职业健康检查、建立职业健康监护档案或者未将检查结果书面告知劳动者的;(5)未依照职业病防治法规定在劳动者离开用人单位时提供职业健康监护档案复印件的。

用人单位违反职业病防治法规定,有下列行为之一的,由安全生产监督管理部门给予警告,责令限期改正,逾期不改正的,处5万元以上20万元以下的罚款;情节严重的,责令停止产生职业病危害的作业,或者提请有关人民政府按照国务院规定的权限责令关闭:(1)工作场所职业病危害因素的强度或者浓度超过国家职业卫生标准的;(2)未提供职业病防护设施和个人使用的职业病防护用品,或者提供的职业病防护设施和个人使用的职业病防护用品不符合国家职业卫生标准和卫生要求的;(3)对职业病防护设备、应急救援设施和个人使用的职业病防护用品未按照规定进行维护、检修、检测,或者不能保持正常运行、使用状态的;(4)未按照规定对工作场所职业病危害因素进行检测、评价的;(5)工作场所职业病危害因素经治理仍然达不到国家职业卫生标准和卫生要求时,未停止存在职业病危害因素的作业的;(6)未按照规定安排职业病病人、疑似职业病病人进行诊治的;(7)发生或者可能发生急性职业病危害事故时,未立即采取应急救援和控制措施或者未按照规定及时报告的;(8)未按照规定在产生严重职业病危害的作业岗位醒目位置设置警示标识和中文警示说明的;(9)拒绝职业卫生监督管理部门监督检查的;(10)隐瞒、伪造、篡改、毁损职业健康监护档案、工作场所职业病危害因素检测评价结果等相关资料,或者拒不提供职业病诊断、鉴定所需资料的;(11)未按照规定承担职业病诊断、鉴定费用和职业病病人的医疗、生活保障费用的。

用人单位未按照规定报告职业病、疑似职业病的,由有关主管部门依据职责分工责令限期改正,给予警告,并处1万元以下的罚款;弄虚作假的,并处2万元以上5万元以下的罚款;对直接负责的主管人员和其他直接责任人员,可以依法给予降级或者撤职的处分。

　　用人单位违反职业病防治法规定,有下列情形之一的,由安全生产监督管理部门责令限期治理,并处 5 万元以上 30 万元以下的罚款;情节严重的,责令停止产生职业病危害的作业,或者提请有关人民政府按照国务院规定的权限责令关闭:(1)隐瞒技术、工艺、设备、材料所产生的职业病危害而采用的;(2)隐瞒本单位职业卫生真实情况的;(3)可能发生急性职业损伤的有毒、有害工作场所、放射工作场所或者放射性同位素的运输、贮存不符合《职业病防治法》第 26 条规定的;(4)使用国家明令禁止使用的可能产生职业病危害的设备或者材料的;(5)将产生职业病危害的作业转移给没有职业病防护条件的单位和个人,或者没有职业病防护条件的单位和个人接受产生职业病危害的作业的;(6)擅自拆除、停止使用职业病防护设备或者应急救援设施的;(7)安排未经职业健康检查的劳动者、有职业禁忌的劳动者、未成年工或者孕期、哺乳期女职工从事接触职业病危害的作业或者禁忌作业的;(8)违章指挥和强令劳动者进行没有职业病防护措施的作业的。

　　用人单位违反职业病防治法规定,已经对劳动者生命健康造成严重损害的,由安全生产监督管理部门责令停止产生职业病危害的作业,或者提请有关人民政府按照国务院规定的权限责令关闭,并处 10 万元以上 50 万元以下的罚款。

　　用人单位违反职业病防治法规定,造成重大职业病危害事故或者其他严重后果,构成犯罪的,对直接负责的主管人员和其他直接责任人员,依法追究刑事责任。

专家支招:

　　本案中,鞋帽厂在项目设计、施工、投产三个过程中,建设项目的职业病防护设施没有通过卫生监督部门审查、验收,便私自投入生产,违反了职业病防治法规定,应当承担相应的法律责任。根据《职业病防治法》第 70 条规定,职业病危害预评价报告未经安全生产监督管理部门审核同意,开工建设的,职业病危害严重的建设项目,其职业病防护设施设计未经安全生产监督管理部门审查施工的,未经安全生产监督管理部门验收或者验收不合格,擅自投入使用的,由安全生产监督管理部门给予警告,责令限期改正;逾期不改正的,处 10 万元以上 50 万元以下的罚款;情节严重的,责令停止产生职业病危害的作业,或者提请有关人民政府按照国务院规定的权限责令停建、关闭。

21.职业病被认定为工伤必须符合哪些条件?

案例:

　　某电子制造企业主要生产液晶显示器和发光二极管。负责喷涂一种金属材料的工人张某每天在车间工作十几个小时。近段时间张某经常咳嗽气喘。起初,张某以为自己只是患上了感冒,后来出现了严重的咳嗽、气喘,并伴有持续性的发烧,随即在当地住院进行治疗。CT 检查发现,张某的肺部全是白色的粉尘颗粒。对这些白色粉尘颗粒进行实验室分析检测,检测报告显示,主要成分为氧化硅和氧化铝。而氧化硅和氧化铝正是张某负责喷涂的材料中的主要成分。张某被诊断患有金属及其化合物粉尘肺沉着病,属于职业病。张某欲申请工伤认定。问:职业病被认定为工伤必须符合哪些条件?

专家解析:

　　根据《工伤保险条例》第 14 条规定,职工患职业病的,应当认定为工伤。能够被认定为工伤的职业病必须符合以下条件：

（1）职业病必须是用人单位的职工在职业活动中引起的疾病，而且必须符合国家卫生计生委、安全监管总局、人力资源社会保障部和全国总工会 2013 年 12 月 23 日联合颁布的《职业病分类和目录》规定的内容。职工只有在职业活动中因接触粉尘、放射性物质和其他有毒、有害物质等因素，而不是由于其他原因而患有上述规定中的某种疾病的，才能认定为工伤。

（2）职业病必须是工伤保险条例覆盖范围内的用人单位的劳动者所患的职业病，即只有患有职业病的职工的用人单位属于工伤保险条例适用范围之内的，该职工的职业病才能按照工伤处理。对此，工伤保险条例规定，国家机关和依照或者参照国家公务员制度进行人事管理的事业单位、社会团体的工作人员患职业病的，由所在单位支付费用，具体办法由国务院劳动保障行政部门会同国务院人事行政部门、财政部门规定。其他事业单位、社会团体以及各类民办非企业单位的工伤保险等办法，由国务院劳动保障行政部门会同国务院人事行政部门、民政部门、财政部门等部门参照工伤保险条例另行规定，报国务院批准后施行。无营业执照或者未经依法登记、备案的单位以及被依法吊销营业执照或者撤销登记、备案的单位的职工患职业病的，由该单位向伤残职工或者死亡职工的直系亲属给予一次性赔偿，赔偿标准不得低于工伤保险条例规定的工伤保险待遇，具体办法由国务院劳动保障行政部门规定。

（3）进行职业病认定。职业病诊断书或者职业病鉴定证明是申请工伤认定的前提。为了充分保护职工的合法权益，我国对职业病认定采取"一诊断两鉴定"制度，即劳动者首先依法进行职业病诊断，对诊断不服的，可以申请首次鉴定，对首次鉴定不服的，可以申请再鉴定。再鉴定为最终鉴定。当事人对职业病诊断结论有异议时，应当按照职业病诊断鉴定的有关规定申请鉴定。在没有新的证据资料时,不应重新申请诊断。职业病诊断机构对其他诊断机构按规定已经作出职业病诊断的病例,在没有新的证据资料时,不得进行重复诊断。职业病认定的时效和受理部门与工伤认定是一致的。但是,职业病认定还有一些不同于工伤认定的地方,职业病认定申请之前,必须取得卫生行政部门批准的具有职业病诊断资格的医疗机构出具的职业病诊断证明或者是获得职业病鉴定证明。

专家支招:

本案中的张某由于长期超负荷的在有害环境下工作,接触粉尘及有毒、有害物质,患上金属及其化合物粉尘肺沉着病。这种疾病属于《职业病分类和目录》规定的其他呼吸系统疾病的一种。张某只要进行了职业病诊断,取得卫生行政部门批准的具有职业病诊断资格的医疗机构出具的职业病诊断证明的,张某所在的电子制造企业就应当在张某被诊断或鉴定为职业病之日起 30 日内提出工伤认定。如果企业未在规定时间内提出工伤认定申请的,张某本人或者其近亲属应当在被诊断或鉴定为职业病之日起 1 年内提出;如果由工会组织提出申请的,也应当在 1 年内提出。

22.劳动者可以选择何地的医疗机构对职业病进行诊断?

案例:

王某在某私营家具厂作油漆工。油漆家具的过程中,王某经常感到头晕、恶心。一次工作中,王某咳嗽、恶心还呕吐,被工友们送到医院。经检查,王某白细胞急剧下降,确诊为苯中毒。王某认为自己所患疾病与工作有直接因果关系,决定申请职业病诊断。王某由于患病后不能继续工作,一直在老家休养、治疗,想在自己的户籍地进行职业病诊断。问:劳动者可以选择何地的医疗机构对职业病进行诊断?

专家解析:

对职业病进行诊断的是职业病诊断的医疗卫生机构。职业病诊断的医疗卫生机构是指省级卫生行政部门批准的、具有职业病诊断条件并拥有一定数量的从事职业病诊断资格医师的医疗卫生机构。根据《职业病防治法》第44条规定,医疗卫生机构承担职业病诊断,应当经省、自治区、直辖市人民政府卫生行政部门批准。省、自治区、直辖市人民政府卫生行政部门应当向社会公布本行政区域内承担职业病诊断的医疗卫生机构的名单。承担职业病诊断的医疗卫生机构应当具备下列条件:(1)持有《医疗机构执业许可证》;(2)具有与开展职业病诊断相适应的医疗卫生技术人员;(3)具有与开展职业病诊断相适应的仪器、设备;(4)具有健全的职业病诊断质量管理制度。

《职业病防治法》第45条规定,劳动者可以在用人单位所在地、本人户籍所在地或者经常居住地依法承担职业病诊断的医疗卫生机构进行职业病诊断。这表明,劳动者既可以选择用人单位所在地的职业病诊断的医疗卫生机构进行诊断,也可以选择本人户籍所在地或者居住地的职业病诊断的医疗卫生机构进行诊断。其中的"居住地"是指劳动者的经常居住地,一般是指连续居住1年以上的地方。如果劳动者没有依照有关规定确定诊断机构的,所作的职业病诊断无效。卫生行政部门将依照职业病防治法的有关规定进行处理。

专家支招:

本案中,王某可以选择户籍地或者经常居住地的职业病诊断医疗机构进行职业病诊断，当然王某也可以向家具厂所在地的职业病诊断的医疗卫生机构提出职业病诊断申请，这要看哪种选择对王某更加便利。任何承担职业病诊断的医疗卫生机构都不得拒绝王某提出的职业病诊断要求。应当注意的是，申请诊断时王某应当提供既往诊断活动资料；某一诊断机构已作出职业病诊断的，在没有新的证据资料时，其他诊断机构将不再进行重复诊断。

23.申请职业病诊断应当提供哪些材料？

案例：

　　某中学为每位教师都配备了电脑，并要求教师使用电脑批改作业、制作多媒体课件、上学生博客了解情况，等等。于是电脑成了教师的必备工具。教师们为了适应新型的教学方式，不断登录各种教学网站，为完成工作任务，每天面对电脑的时间都在 5 小时以上。久而久之，一些教师感觉视力状况越来越差，到医院检查，发现患上了"干眼症"。教师们认为长期面对电脑工作是患上这一疾病的主要原因，于是要求申请职业病诊断。该中学向当地医疗卫生机构提出职业病诊断申请，并提供了相应的材料。问：申请职业病诊断应当提供哪些材料？

专家解析：

　　《职业病诊断与鉴定管理办法》第 21 条规定，职业病诊断需要以下资料：(1)劳动者职业史和职业病危害接触史(包括在岗时间、工种、岗位、接触的职业病危害因素名称等)；(2)劳动者职业健康检查结果；(3)

工作场所职业病危害因素检测结果;(4)职业性放射性疾病诊断还需要个人剂量监测档案等资料;(5)与诊断有关的其他资料。

用人单位应当如实提供职业病诊断、鉴定所需的劳动者职业史和职业病危害接触史、工作场所职业病危害因素检测结果等资料;安全生产监督管理部门应当监督检查和督促用人单位提供上述资料;劳动者和有关机构也应当提供与职业病诊断、鉴定有关的资料。职业病诊断过程中,用人单位不提供工作场所职业病危害因素检测结果等资料的,诊断机构应当结合劳动者的临床表现、辅助检查结果和劳动者的职业史、职业病危害接触史,并参考劳动者的自述、安全生产监督管理部门提供的日常监督检查信息等,作出职业病诊断结论。如果对单位提供的工作场所职业病危害因素检测结果等资料有异议,或者因单位解散、破产,无用人单位提供上述资料的,诊断机构应当提请安全生产监督管理部门进行调查,安全生产监督管理部门应当自接到申请之日起30日内对存在异议的资料或者工作场所职业病危害因素情况作出判定,有关部门应当配合。

专家支招:

本案中,某中学依法要求进行职业病诊断,职业病诊断机构应当接诊,并告知职业病诊断的程序和所需材料。申请人应当填写《职业病诊断就诊登记表》,并提交其掌握的《职业病诊断与鉴定管理办法》第21条规定的职业病诊断资料。职业病诊断过程中,在确认劳动者职业史、职业病危害接触史时,教师们与用人单位如果对劳动关系、工种、工作岗位或者在岗时间有争议的,可以向当地的劳动人事争议仲裁委员会申请仲裁,劳动人事争议仲裁委员会应当受理,并在接到申请的30日内作出裁决。

24.职业病诊断按照怎样的程序进行?

案例:

张某在某建筑工地露天作业。当天太阳很毒,张某没有带遮阳用具,过了一段时间,他感到头痛、头晕、眼花、恶心、呕吐,最后竟晕倒在地。张某被送往医院就医,诊断为高温作业所引起的中暑。由于张某的病症与日射病相符,于是张某申请职业病诊断。问:职业病诊断应当按照怎样的程序进行?

专家解析:

职业病诊断的程序是进行职业病诊断应当遵循的步骤和方法。职业病诊断工作是一项科学性、技术性、专业性都很强的工作,程序要求十分严格。职业病防治法要求职业病诊断应当客观、公正地进行,也就是要严格依照法定程序进行。

专家支招:

本案中张某的职业病诊断,应当根据职业病防治法和职业病诊断与鉴定管理办法规定,依照下列程序进行:

(1)选择职业病诊断机构。职业病诊断应当由省级以上人民政府卫生行政部门批准的医疗卫生机构承担。劳动者申请职业病诊断时,应当首选本人户籍所在地、经常居住地或者用人单位所在地的县(区)行政区域内的职业病诊断机构进行诊断;如果本地县(区)行政区域内没有职业病诊断机构,可以选择本地市行政区域内的职业病诊断机构进行诊断;如果本地市行政区域内没有职业病诊断机构,可以选择本地省行政区域内的职业病诊断机构进行诊断。

(2)确定合格的执业医师。职业病诊断机构在进行职业病诊断时,应当组织3名以上取得职业病诊断资格的执业医师进行集体诊断。职业病诊断机构组织开展诊断工作时,可以根据需要,聘请其他单位取得职业病诊断医师资格的职业病诊断医师参加诊断工作,必要时可以邀请相关专业专家提供咨询意见。

(3)作出职业病诊断。职业病诊断应当依据职业病诊断标准,结合病人的职业史、职业病危害接触史和工作场所职业病危害因素情况、临床表现以及辅助检查结果等。没有证据否定职业病危害因素与病人临床表现之间的必然联系的,应当诊断为职业病。职业病危害接触史、工作场所职业病危害因素检测与评价、临床表现和医学检查结果等资料,进行综合分析作出。对不能确诊的疑似职业病病人,可以经必要的医学检查或者住院观察后,再作出诊断。对职业病诊断有意见分歧的,应当按多数人的意见诊断;对不同意见应当如实记录。没有证据否定职业病危害因素与病人临床表现之间的必然联系的,在排除其他致病因素后,应当诊断为职业病。职业病诊断医师应当独立分析、判断、提出诊断意见,任何单位和个人无权干预。诊断医师对诊断结论有意见分歧的,应当根据半数以上诊断医师的一致意见形成诊断结论,对不同意见应当如实记录。参加诊断的职业病诊断医师不得弃权。

(4)出具职业病诊断证明书。职业病诊断机构作出职业病诊断后,应当向当事人出具职业病诊断证明书,由参与诊断的医师共同签署,并经承担职业病诊断的医疗卫生机构审核盖章。职业病诊断证明书应当载明:劳动者、用人单位基本信息;诊断结论。确诊为职业病的,应当载明职业病的名称、程度(期别)、处理意见;诊断时间。职业病诊断证明书应当一式三份,劳动者、用人单位各执一份,诊断机构存档一份。

(5)向有关部门报告。职业病诊断机构发现职业病病人或者疑似职业病病人时,应当及时向所在地卫生行政部门和安全生产监督管理部门报告。确诊为职业病的,职业病诊断机构可以根据需要,向相关监管部门、用人单位提出专业建议。

25.对职业病诊断结论有异议怎么办?

例:

李某在某公司从事橡胶硫化工作,主要接触丁氢橡胶、丙烯酸酯橡胶,接触时间为 5 年,接触方式为手部皮肤及裸露皮肤。厂方配备手套及强制通风系统。李某因患皮肤病就医,经医院职业中毒门诊诊断为皮疹痤疮,皮肤科门诊诊断为人工皮炎。之后,市中心医院出具职业病诊断证明书,诊断结论为非职业性皮炎。李某对市中心医院职业病诊断结论有异议,要求认定其皮肤疾病与职业因素有因果关系,于是决定申请职业病诊断鉴定。问:对职业病诊断结论有异议怎么办?

专家解析:

当事人对职业病诊断有异议的,可以向作出诊断的医疗卫生机构所在地地方人民政府卫生行政部门申请鉴职业病诊断鉴定。职业病诊断鉴定委员会由相关专业的专家组成。省、自治区、直辖市人民政府卫生行政部门应当设立相关的专家库,并根据实际工作需要及时调整其成员。专家库应当以取得各类职业病诊断资格的医师为主要成员,吸收临床相关学科、职业卫生、放射卫生等相关专业的专家组成。专家应当具备下列条件:(1)具有良好的业务素质和职业道德;(2)具有相关专业的高级专业技术职务任职资格;(3)熟悉职业病防治法律法规和职业病诊断标准;(4)身体健康,能够胜任职业病鉴定工作。

需要对职业病争议作出诊断鉴定时,由申请鉴定的当事人或者当事人委托的职业病鉴定办事机构从专家库中以随机抽取的方式确定参加诊断鉴定委员会的专家。经当事人同意,职业病鉴定办事机构可以根据鉴定需要聘请本省、自治区、直辖市以外的相关专业专家作为专家组成员,并有表决权。专家组人数为 5 人以上单数,其中相关专业职业病诊断医师应当为本次专家人数的半数以上。疑难病例应当增加专家组人数,充分听取意见。专家组设组长 1 名,由专家组成员推举产生。职业病鉴定会议由专家组组长主持。

专家支招:

当事人被诊断为职业病,对职业病诊断结论没有异议的,无需申请职业病诊断鉴定,即可以由其所在单位自被诊断为职业病之日起 30 日内,向统筹地区的社会保险行政部门提出工伤认定申请。如果用人单位未按规定提出工伤认定申请的,工伤职工或者其直系亲属、工会组织在被诊断鉴定为职业病之日起 1 年内,可以直接向用人单位所在地统筹地区社会保险行政部门提出工伤认定申请。被社会保险行政部门认定为工伤的,可以由用人单位、工伤职工或者其直系亲属向设区的市级劳动能力鉴定委员会提出申请劳动能力鉴定,然后按照有关规定享受职业病治疗、康复、预计赔偿等待遇。而只有像本案中的李某对职业病诊断结论存在不同意见的,才有必要申请职业病鉴定。李某应当在接到职业病诊断证明书之日起 30 日内,向职业病诊断机构所在地设区的市级卫生行政机关提出首次鉴定申请，由该卫生行政机关组织职业病诊断鉴定委员会进行鉴定。职业病鉴定实行两级鉴定制，李某如果对鉴定委员会的首次鉴定结论不服的，在接到职业病诊断鉴定书之日起 15 日内，可以向原鉴定机构所在地省级卫生行政部门申请再次鉴定。省级职业病诊断鉴定委员会的鉴定为最终鉴定。

26.职业病诊断鉴定按照怎样的程序进行？

案例：

汤某在某航天材料股份有限公司工作，手部皮肤及裸露皮肤长期接触丁氢橡胶、三元乙丙橡胶、氟橡胶和硅橡胶。汤某感到皮肤不适后，到当地中心医院职业病科就诊，被出具职业病诊断证明书，诊断结论为非职业性皮炎。汤某对职业病诊断结果有异议，申请职业病诊断鉴定，要求认定其皮肤疾病与在航天材料股份有限公司工作期间的职业因素有因果关系。职业病鉴定委员会受理此案后，按照《职业病诊断与鉴定管理办法》的内容要求厂方补充"职业史、既往史、职业健康监护档案、工作场所职业病危害因素监测、评价"等资料，派专家对劳动者从事工作的单位和车间经行了调查和检查，并对资料进行了细致的审查和整理装订。在对职业病鉴定专家要求回避后，在省职业病鉴定专家库中随机抽取了 5 名职业病鉴定专家。职业病鉴定委员会办公室现场通知专家，要求各位专家按时参加职业病鉴定会议，并通知中心医院、航天材料股份有限公司和汤某参加鉴定会议，进行陈述和申辩。鉴定过程中，5

名职业病鉴定专家在查阅资料、听取三方陈述、进行提问后,经过全体讨论,依据职业性皮肤病诊断标准总则(GBZ18-2002)、职业史证明、健康体检报告、中心医院职业病诊断证明书、门诊综合病历和处置单、医院门诊病历记录和检验报告单等, 对汤某的职业病诊断作出以下鉴定结论:①痤疮;②根据职业接触史,无引起职业性痤疮的相关职业危害因素,不能诊断为职业性痤疮。职业病鉴定委员会随即制作了"职业病诊断鉴定书",并进行了送达。

专家解析:

职业病诊断鉴定工作是一项科学性、技术性、专业性都很强的工作,程序要求十分严格。职业病诊断鉴定的程序是职业病诊断鉴定的步骤和方法。严格依据法定程序进行职业病诊断鉴定,可以保证职业病诊断鉴定工作的公开、公平和公正。

专家支招:

本案是一个严格依据法定程序进行职业病诊断鉴定的范例。根据职业病防治法和职业病诊断与鉴定管理办法规定, 职业病诊断鉴定必须严格按照下列程序进行:

(1)提出申请。当事人申请职业病鉴定,应当向作出诊断的医疗卫生机构所在地设区的市级卫生行政部门申请首次鉴定。

(2)组成职业病诊断鉴定委员会。职业病诊断鉴定委员会由相关专业的专家组成。省、自治区、直辖市人民政府卫生行政部门设立了相关的专家库,需要对职业病争议作出诊断鉴定时,由当事人或者当事人委托有关卫生行政部门从专家库中以随机抽取的方式确定参加诊断鉴定委员会的专家。专家组人数为 5 人以上单数,其中相关专业职业病诊断医师应当为本次专家人数的半数以上。疑难病例应当增加专家组人数,充分听取意见。专家组设组长一名,由专家组成员推举产生。职业病诊断鉴定委员会组成人员不得私下接触当事人,不得收受当事人的财物或者其他好处,参与职业病鉴定的专家有下列情形之一的,应当回避:①是职业病鉴定当事人或者当事人近亲属的;②已参加当事人职业病诊断或者首次鉴定的;③与职业病鉴定当事人有利害关系的;④与职业病鉴定当事人有其他关系,可能影响鉴定公正的。

(3)要求有关单位和个人提供相关资料。除职业病诊断鉴定申请人提供的资料外,如果因职业病诊断鉴定需要用人单位提供有关职业卫生和健康监护等资料时,用人单位应当如实提供。当事人申请职业病鉴定应当提供以下资料:职业病鉴定申请书;职业病诊断证明书,申请省级鉴定的还应当提交市级职业病鉴定书;卫生行政部门要求提供的其他有关资料。职业病鉴定办事机构收到当事人鉴定申请之后,根据需要可以向原职业病诊断机构或者首次职业病鉴定的办事机构调阅有关的诊断、鉴定资料。原职业病诊断机构或者首次职业病鉴定办事机构应当在接到通知之日起 15 日内提交。

(4)受理。职业病鉴定办事机构应当自收到申请资料之日起 5 个工作日内完成资料审核,对资料齐全的发给受理通知书;资料不全的,应当书面通知当事人补充。资料补充齐全的,应当受理申请并组织鉴定。

(5)组织鉴定。职业病诊断鉴定委员会应当在受理鉴定申请之日起 60 日内组织鉴定。根据职业病鉴定工作需要,职业病鉴定办事机构可以向有关单位调取与职业病诊断、鉴定有关的资料,有关单位应当如实、及时提供。专家组应当听取当事人的陈述和申辩,必要时可以组织进行医学检查。需要了解被鉴定人的工作场所职业病危害因素情况时,职业病鉴定办事机构根据专家组的意见可以对工作场所进行现场调查,或者依法提请安全生产监督管理部门组织现场调查。依法提请安全生产监督管理部门组织现场调查的,在现场调查结论或者判定作出前,职业病鉴定应当中止。职业病鉴定应当遵循客观、公正的原则,专家组进行职业病鉴定时,可以邀请有关单位人员旁听职业病鉴定会。所有参与职业病鉴定的人员应当依法保护被鉴定人的个人隐私。

(6)作出鉴定结论并制作鉴定书。专家组应当认真审阅鉴定资料,依照有关规定和职业病诊断标准,经充分合议后,根据专业知识独立进行鉴定,在事实清楚的基础上,进行综合分析,在受理鉴定申请之日起60日内组织鉴定、形成鉴定结论,并在鉴定结论形成后15日内出具职业病鉴定书。鉴定结论应当经专家组三分之二以上成员通过。职业病鉴定书应当包括以下内容:①劳动者、用人单位的基本信息及鉴定事由;②鉴定结论及其依据,如果为职业病,应当注明职业病名称、程度(期别);③鉴定时间。鉴定书加盖职业病诊断鉴定委员会印章。首次鉴定的职业病鉴定书一式四份,劳动者、用人单位、原诊断机构各一份,职业病鉴定办事机构存档一份;再次鉴定的职业病鉴定书一式五份,劳动者、用人单位、原诊断机构、首次职业病鉴定办事机构各一份,再次职业病鉴定办事机构存档一份。职业病鉴定书应当于鉴定结论作出之日起20日内由职业病鉴定办事机构送达当事人。鉴定结论与诊断结论或者首次鉴定结论不一致的,职业病鉴定办事机构应当及时向相关卫生行政部门和安全生产监督管理部门报告。

(7)记录鉴定过程并存档。职业病诊断鉴定过程应当如实记录,其内容应当包括:①专家组的组成;②鉴定时间;③鉴定所用资料;④鉴定专家的发言及其鉴定意见;⑤表决的情况;⑥经鉴定专家签字的鉴定结论;⑦与鉴定有关的其他资料。有当事人陈述和申辩的,应当如实记录。

鉴定结束后，鉴定记录应当随同职业病鉴定书一并由职业病鉴定办事机构存档，永久保存。

 27.对职业病诊断鉴定结论不服怎么办？

例：

李某受到职业伤害后，李某所在单位为其申请了职业病诊断。职业病诊断机构作出诊断后，李某对诊断结果不予认可。于是，李某向职业病诊断机构所在地设区的市级卫生行政部门申请职业病诊断鉴定。卫生行政部门组成职业病诊断鉴定委员会，对职业病争议作出了鉴定。对于鉴定结论，李某仍不能接受。问：对职业病诊断鉴定结论不服怎么办？

专家解析：

职业病鉴定实行两级鉴定制。设区的市级职业病诊断鉴定委员会对职业病诊断争议的鉴定是首次鉴定。当事人对设区的市级职业病首次鉴定的结论不服的，可以在接到鉴定书之日起 15 日内，向原鉴定组织所在地省级卫生行政部门申请再鉴定。省级职业病鉴定结论为最终鉴定。

专家支招：

李某如果对鉴定委员会的首次鉴定结论不服的，在接到职业病诊断鉴定书之日起 15 日内，可以向原鉴定机构所在地省级卫生行政部门申请再次鉴定。省级职业病诊断鉴定委员会以再次鉴定的结论为最终鉴定结论,李某应当接受,并不得对此再次申请鉴定。李某可以依据认定为职业病的鉴定结论申请工伤认定,享受工伤保险待遇。

28.职业病检查、治疗、诊断、鉴定的费用由谁承担?

案例:

　　某国家贫困地区的乡镇每年有大量青壮年外出打工。其中一些人在某金矿务工,从事井下作业。据打工者反映:风钻一开起来,眼前就像蒸汽炉放气一样,什么都看不见;许多矿井没有任何卫生防护设施,不配备卫生防护用品,更谈不上对工人进行定期体检了。几个月下来,务工人员陆续出现咳嗽、胸闷、呼吸困难、乏力等症状,由于缺乏尘肺病的知识,未能得到及时有效的治疗和妥善安置。直到一些外出务工人员返乡,才有人到职业病防治法所求治,均被诊断为矽肺或可疑矽肺,且大多数为Ⅱ期以上。职业病诊断机构确诊为尘肺病后,患病者向矿主索要职业病的检查、治疗、诊断费用和工伤待遇。但矿主以双方签订了"生死合同"为由予以拒绝。这些人为了治病花光了所有的积蓄。问:职业病检查、治疗、诊断、鉴定的费用应当由谁承担?

专家解析:

　　检查、治疗、诊断、鉴定职业病的费用,应当由用人单位依照有关规定予以负担或者从工伤保险基金中支付。劳动者本人不承担检查、治疗、诊断、鉴定职业病的费用。具体为:

（1）职业健康检查费用由用人单位承担。根据《职业病防治法》第36条规定,对从事接触职业病危害的作业的劳动者,用人单位应当按照国务院安全生产监督管理部门、卫生行政部门的规定组织上岗前、在岗期间和离岗时的职业健康检查,并将检查结果书面告知劳动者。职业健康检查费用由用人单位承担。

（2）救治急性职业病危害的劳动者,或者进行健康检查和医学观察,所需费用由用人单位承担。根据《职业病防治法》第38条规定,发生或者可能发生急性职业病危害事故时,用人单位应当立即采取应急救援和控制措施,并及时报告所在地安全生产监督管理部门和有关部门。安全生产监督管理部门接到报告后,应当及时会同有关部门组织调查处理;必要时,可以采取临时控制措施。卫生行政部门应当组织做好医疗救治工作。对遭受或者可能遭受急性职业病危害的劳动者,用人单位应当及时组织救治、进行健康检查和医学观察,所需费用由用人单位承担。

（3）职业病诊断、鉴定费用由用人单位承担。根据《职业病防治法》第54条规定,职业病诊断鉴定委员会应当按照国务院卫生行政部门颁布的职业病诊断标准和职业病诊断、鉴定办法进行职业病诊断鉴定,向当事人出具职业病诊断鉴定书。职业病诊断、鉴定费用由用人单位承担。

（4）因职业病进行劳动能力鉴定的,鉴定费从工伤保险基金中支付。根据《工伤保险条例》第12条关于工伤保险基金存入社会保障基金财政专户,用于本条例规定的工伤保险待遇、劳动能力鉴定以及法律、法规规定的用于工伤保险的其他费用的支付的规定,工伤职工进行劳动能力鉴定的费用支出从工伤保险基金中列支。

（5）因职业病需要治疗的,相关费用按照工伤的规定处理。根据《工伤保险条例》的规定,职业病属于工伤,因此,对职业病的治疗应当依照《工伤保险条例》的规定处理。治疗工伤所需费用符合工伤保险诊疗项目目录、工伤保险药品目录、工伤保险住院服务标准的,从工伤保险基金中支付。经医疗机构出具证明,报经办机构同意,工伤职工到统筹地区以外就医的,所需交通、食宿费用由所在单位按照本单位职工因公出差标准报销。职工因工作遭受事故伤害或者患职业病需要暂停工作接受工伤医疗的,在停工留薪期内,原工资福利待遇不变,由所在单位按月支付。

专家支招：

本案中打工者的职业健康检查费用、采取职业病应急救援和控制措施的费用、职业病诊断鉴定的费用等均应当由金矿矿主承担。如果因职业病需要进行劳动能力鉴定的,鉴定费从工伤保险基金中列支。职业病治疗的相关费用,对符合工伤保险诊疗项目目录、工伤保险药品目录、工伤保险住院服务标准的,从工伤保险基金中支付。如果到外地就医产生交通、食宿费用的,由金矿按照职工因公出差标准报销。需要暂停工作接受工伤医疗的,金矿应当按月支付劳动者停工留薪期内的原工资福利待遇。

除了职业病的检查、治疗、诊断、鉴定费用劳动者不需要承担外,职业病病人应当主张依法享受国家规定的职业病待遇。用人单位应当按照国家有关规定,安排职业病病人进行治疗、康复和定期检查;对不适宜继续从事原工作的职业病病人,应当调离原岗位,并妥善安置;对从事接触职业病危害的作业的劳动者,应当给予适当岗位津贴。同时,职业病病人还可以主张以下权利:(1)职业病病人的诊疗、康复费用,伤残以及丧失劳动能力的职业病病人的社会保障，按照国家有关工伤保险的规定执行。(2)职业病病人除依法享有工伤保险外,依照有关民事法律,尚有获得赔偿的权利的,有权向用人单位提出赔偿要求。(3)劳动者被诊断患有职业病,但用人单位没有依法参加工伤保险的,其医疗和生活保障由该用人单位承担。(4)职业病病人变动工作单位,其依法享有的待遇不变。用人单位在发生分立、合并、解散、破产等情形时,应当对从事接触职业病危害的作业的劳动者进行健康检查,并按照国家有关规定妥善安置职业病病人。(5)用人单位已经不存在或者无法确认劳动关系的职业病病人,可以向地方人民政府民政部门申请医疗救助和生活等方面的救助。地方各级人民政府应当根据本地区的实际情况,采取其他措施,使前款规定的职业病病人获得医疗救治。

29.什么是劳动能力鉴定？为什么要进行劳动能力鉴定？

案例:

农民工于某在某电力公司工作过程中遭受身体伤害，经医疗诊断为:左孟氏骨折;右桡骨茎突及舟状骨骨折;右手食指末节完全离断;双上肢广泛皮肤碾挫伤;右尺骨桡骨远端骨折,并下尺桡关节脱位。于某虽经手术治疗,但仍留下严重残疾。于某所受伤害被当地人事和劳动社会保障局认定为工伤。之后，于某向当地劳动仲裁委员会提起仲裁申请,但因未做劳动能力鉴定,劳动仲裁委员会中止审理。于某在家休养直至进行二次手术取出内固定,并于伤情稳定时申请劳动能力鉴定。当地劳动能力鉴定委员会鉴定于某劳动功能障碍等级为七级。问：什么是劳动能力鉴定？

专家解析：

劳动能力鉴定是劳动能力鉴定机构对劳动者在职业活动中因工负伤或患职业病后，根据国家工伤保险法规规定，在评定伤残等级时通过医学检查对劳动功能障碍程度（伤残程度）和生活自理障碍程度作出的判断结论。劳动能力鉴定的目的是确定劳动功能障碍程度等级和生活自理障碍程度等级。根据工伤保险条例规定，劳动功能障碍分为十个伤残等级，最重的为一级，最轻的为十级。生活自理障碍分为三个等级：生活完全不能自理、生活大部分不能自理和生活部分不能自理。劳动能力鉴定标准由国务院社会保险行政部门会同国务院卫生行政部门等部门制定。

劳动能力鉴定是受伤害职工获得保险待遇的基础和前提。职工因工受害或者患职业病后，如果要获得工伤保险待遇，应当在工伤或者疾病医疗期内治愈或者伤情、病情处于相对稳定状态的，或者医疗期满仍不能工作的，都要通过劳动能力鉴定对其伤残后丧失劳动能力的程度作出判断并得出结论，这一结论是职工获得工伤保险待遇的重要依据。同时，劳动能力鉴定也是合理确定工伤保险待遇的基础。通过劳动能力鉴定，能够准确评定职工的伤残程度、病残程度，并以此正确、合理地确定给予职工相应的工伤保险待遇，保障伤残、病残职工的合法权益。

专家支招：

职工发生工伤，经治疗伤情相对稳定后存在残疾、影响劳动能力的，就应当进行劳动能力鉴定。本案中的于某同时具备以下条件时，即可以申请劳动能力鉴定：(1)必须是因工伤致残的。职工必须是具备了工伤保险条例中规定的应当认定为工伤或者视同工伤的情形，符合构成工伤的条件。(2)经治疗伤情相对稳定。职工发生工伤后应当及时治疗,在伤情尚未处于稳定状态下,无法确定其是否存在劳动功能障碍,即便通过鉴定得出结论,也往往缺乏正确性和科学性,因此,鉴定应当在经过治疗伤情相对稳定后进行。伤情相对稳定并不要求病情不再发生变化。(3)存在残疾,影响劳动能力。存在残疾,影响劳动能力是进行劳动能力鉴定的前提条件,无残疾也不影响劳动能力的,不需要进行劳动能力鉴定。

30.如何提出劳动能力鉴定申请?

例:

某建筑工程公司工人姚某在工地作业时,不慎被钢板砸伤,经医院诊断为:肝挫裂伤;失血性休克;肝包膜下出血。后经医院救治行右半肝切除术。姚某向有关部门提出工伤认定申请,被依法认定为工伤。之后,姚某准备向当地劳动能力鉴定委员会申请劳动能力鉴定。问:如何向劳动能力鉴定机构提出劳动能力鉴定申请?

专家解析:

劳动能力鉴定委员会是劳动能力鉴定机构,负责组织对职工进行伤残程度的鉴定工作。劳动能力鉴定委员会分两级设立,分别为省、自治区、直辖市劳动能力鉴定委员会和设区的市级劳动能力鉴定委员会。省、自治区、直辖市劳动能力鉴定委员会和设区的市级劳动能力鉴定委员会分别由省、自治区、直辖市和设区的市级设后保险行政部门、卫生行政部门、工会组织、经办机构代表以及用人单位代表组成。劳动能力鉴定委员会建立医疗卫生专家库。劳动能力鉴定委员会医疗卫生专家库是由专门的医疗卫生方面的高级专家组成，列入专家库的应当是具有医疗卫生高级专业技术职务任职资格，掌握劳动能力鉴定的相关知识，具有良好的职业品德的医疗卫生专业技术人员。

劳动能力鉴定工作客观、公正地进行。设区的市级劳动能力鉴定委员会收到劳动能力鉴定申请后，应当从其建立的医疗卫生专家库中随机抽取 3 名或者 5 名相关专家组成专家组，由专家组提出鉴定意见。劳动能力鉴定委员会组成人员或者参加鉴定的专家与当事人有利害关系的，应当回避。劳动能力鉴定委员会根据专家组的鉴定意见作出工伤职工劳动能力鉴定结论；必要时，可以委托具备资格的医疗机构协助进行有关的诊断。劳动能力鉴定委员会应当自收到劳动能力鉴定申请之日起 60 日内作出劳动能力鉴定结论，必要时可以延长 30 日。劳动能力鉴定结论应当及时送达申请鉴定的单位和个人。

专家支招：

本案中，第一，姚某以及姚某所在的建筑工程公司都有权直接提出劳动能力鉴定申请，如果姚某由于伤残程度或其他原因，无法亲自提出申请的，可以由其近亲属代为提出。第二，姚某应当向当地设区的市级劳动能力鉴定委员会提出劳动能力鉴定申请。劳动能力鉴定委员是劳动能力鉴定机构，分为设区的市级劳动能力鉴定委员会和省、自治区、直辖市劳动能力鉴定委员会两级，劳动能力的初次鉴定申请应当向设区的市级劳动能力鉴定委员会提出。第三，姚某申请劳动能力鉴定应当提交以下申请材料：劳动保障行政部门作出的工伤认定决定；职工工伤医疗的有关材料，包括：由医疗机构记载的有关负伤职工的病情、病志、治疗情况等资料。第四，填写劳动能力鉴定申请表。

附:劳动能力鉴定申请表

劳动能力鉴定、确认申请表

市(区县)(年)劳鉴第　号

姓名		性别		公民身份证号码		照片
单位名称			联系电话			
申请鉴定原因	1.工伤评残。2.工伤直接导致其他疾病确认。3.延长停工留薪期确认。4.配置辅助器具确认。5.更换辅助器具确认。6.因病提前退休劳动能力鉴定。7.医疗期满。8.再次鉴定。9.复查鉴定。					
认定编码			工伤证号			
工伤认定结论						
伤病发生时间			诊治医疗机构			
医疗机构伤病诊断结论						
伤病诊治过程简述(可附页):						
提供资料情况	1.定点医疗机构出具的诊断证明张;2.工伤医疗服务机构出具的休假证明张。3.工伤医疗服务机构安装辅助器具建议份;4.门诊(住院)病历页;5.检查、化验单张;6.其他材料页。					
职工本人意见				签字　　年　月　日		
用人单位意见				盖章　　年　月　日		
备注						

 31.劳动能力鉴定依据什么标准进行?

案例:

同案例 30。于某的工伤被劳动能力鉴定委员会鉴定为伤残等级七级。问:劳动能力鉴定的标准是什么?

专家解析:

我国现行的劳动能力鉴定标准为 2007 年 5 月 1 日实施的《劳动能力鉴定职工工伤与职业病致残等级》(GB/T16180—2006)。该标准规定了职工工伤致残劳动能力鉴定原则和分级标准,适用于职工在职业活动中因工负伤和因职业病致残程度的鉴定,按照临床医学分科和各学科间相互关联的原则,对残情的判定划分为五个门类:一是神经内科、神经外科神经科门;二是骨科、整形外科、烧伤科门;三是眼科、耳鼻喉科、口腔科门;四是普外科、胸外科、泌尿生殖科门;五是职业病内科门。标准按照上述五个门类,以一至十级系列,根据伤残的类别和残情的程度划分伤残条目,共列出残情 573 条。标准还根据条目划分原则以及工伤致残程度,综合考虑各门类间的平衡,将残情级别分为一至十级,最重为一级,最轻为十级。分级原则为:

(1)一级。器官缺失或功能完全丧失,其他器官不能代偿,存在特殊医疗依赖,或完全或大部分护理依赖。

(2)二级。器官严重缺损或畸形,有严重功能障碍或并发症,存在特殊医疗依赖,或大部分护理依赖。

(3)三级。器官严重缺损或畸形,有严重功能障碍或并发症,存在特殊医疗依赖,或部分护理依赖。

（4）四级。器官严重缺损或畸形,有严重功能障碍或并发症,存在特殊医疗依赖,或部分护理依赖或无护理依赖。

（5）五级。器官严重缺损或畸形,有较重功能障碍或并发症,存在一般医疗依赖,无护理依赖。

（6）六级。器官大部分缺损或明显畸形,有中等功能障碍或并发症,存在一般医疗依赖,无护理依赖。

（7）七级。器官大部分缺损或畸形,有轻度功能障碍或并发症,存在一般医疗依赖,无护理依赖。

（8）八级。器官部分缺损或畸形,形态异常,轻度功能障碍,存在一般医疗依赖,无护理依赖。

（9）九级。器官部分缺损,形态异常,轻度功能障碍,无医疗依赖或者存在一般医疗依赖,无护理依赖。

（10）十级。器官部分缺损,形态异常,无功能障碍,无医疗依赖或者存在一般医疗依赖,无护理依赖。

这里所说的"医疗依赖"是指工伤致残于评定伤残等级技术鉴定后仍不能脱离治疗者。医疗依赖分为特殊医疗依赖和一般医疗依赖两种。特殊医疗依赖是指工伤伤残后必须终身接受特殊药物、特殊医疗设备或装置进行治疗者；一般医疗依赖是指工伤致残后仍需接受长期或终身药物治疗者。

"护理依赖"是指工伤致残者因生活不能自理,需依赖他人护理者。生活自理范围主要包括下列五项：（1）进食；（2）翻身；（3）大、小便；（4）穿衣、洗漱；（5）自主行动。护理依赖的程度分为完全护理依赖、大部分护理依赖、部分护理依赖三级。完全护理依赖是指生活完全不能自理,进食、翻身、大小便、穿衣洗漱、自主行动等五项均须护理者；大部分护理依赖是指生活大部分不能自理,进食、翻身、大小便、穿衣洗漱、自主行动等五项中三项需要护理者;部分护理依赖是指部分生活不能自理,进食、翻身、大小便、穿衣洗漱、自主行动等五项中一项需要护理者。

专家支招:

本案中的于某身体多处伤残,根据《劳动能力鉴定职工工伤与职业病致残等级》(GB/T16180—2006)4.5 和 4.6 规定,工伤职工身体多处伤残的,劳动能力鉴定委员会鉴定时,对于同一器官或者系统多处损伤,或者一个以上器官不同部位同时受到损伤者,应先对单项伤残程度进行鉴定。如果几项伤残等级不同,以重者定级;如果两项级以上等级相同,最多晋升一级。此外,于某受工伤损害的器官如果原有伤残和病史,或工伤后出现合并症的,其致残等级的评定应当以鉴定时实际的致残结局为依据。

32.对劳动能力鉴定委员会作出的鉴定结论不服怎么办?

案例:

农民工薛某在某钢铁制品有限公司工作过程中遭受身体伤害,经医疗诊断为:右桡骨茎突及舟状骨骨折右手食指末节完全离断、双上肢广泛皮肤碾挫伤、右尺骨桡骨远端骨折并下尺桡关节脱位。薛某虽经手术治疗,但仍留下严重残疾。社会保险行政部门认定薛某所受伤害为工伤。待伤情稳定后薛某申请了劳动能力鉴定。当地劳动能力鉴定委员会做出劳动能力鉴定结论书,鉴定薛某劳动功能障碍等级为九级。薛某对鉴定结论不服。问:对劳动能力鉴定委员会作出的鉴定结论不服怎么办?

家解析：

申请劳动能力鉴定的目的是确定劳动功能障碍程度等级和生活自理障碍程度等级,以便进一步确定工伤待遇。工伤职工如果对劳动能力鉴定委员会作出的鉴定结论不服的,根据工伤保险条例的规定,可以申请再次鉴定。

 家支招：

本案中的薛某对设区的市级劳动能力鉴定委员会作出的劳动功能障碍等级为九级的鉴定结论不服,可以在收到该鉴定结论之日起 15 日内向省、自治区、直辖市劳动能力鉴定委员会提出再次鉴定申请。省、自治区、直辖市劳动能力鉴定委员会应当客观、公平、公正地作出再次鉴定。省、自治区、直辖市劳动能力鉴定委员会作出的劳动能力鉴定结论为最终结论。对于最终的鉴定结论,申请人应当接受,不得对此再次申请鉴定。

33.工伤职工经劳动能力鉴定后残情又发生变化怎么办？

案例：

任某在执行公司安排的工作任务中,眼睛被反光装置反射过来的阳光照伤。经医院诊查,任某双眼黄斑裂孔,右眼视力 0.1,左眼视力 0.1,诊断为双眼黄斑裂孔(光损伤),视功能受损,不能完全恢复,且视力仍在继续下降,有可能导致双眼失明。事故发生后,任某眼部所受伤害被认定为工伤。任某申请了劳动能力鉴定,鉴定结论为伤残等级七级。之后,任某的视力不断下降。问:工伤职工经劳动能力鉴定后残情又发生变化的怎么办?

专家解析:

工伤职工经劳动能力鉴定后残情又发生变化的,可以申请劳动能力复查鉴定。劳动能力复查鉴定是经劳动能力鉴定委员会鉴定过的工伤职工,在鉴定结论作出一段时期后,工伤职工或者其直系亲属、所在单位或者经办机构认为残情发生变化,向劳动能力鉴定委员会提出申请,劳动能力鉴定委员会依据国家标准对其进行的复查鉴定。《工伤保险条例》第28条规定,自劳动能力鉴定结论作出之日起1年后,工伤职工或者其近亲属、所在单位或者经办机构认为伤残情况发生变化的,可以申请劳动能力复查鉴定。

专家支招:

本案中的任某在工伤残情发生变化时,可以按照以下规定申请劳动能力复查鉴定:

(1)有权提出劳动能力复查鉴定申请的,包括工伤职工或者其近亲属,工伤职工所在单位,经办机构。因此任某、任某的近亲属以及任某的公司、经办单位都可以提出劳动能力复查鉴定申请。具体讲,任某因工受到事故伤害被认定为工伤,经劳动能力鉴定后,开始享受工伤保险待遇,如果经过1年后,认为自己的劳动能力已经低于劳动能力鉴定的等级的,即可以申请劳动能力复查鉴定。任某劳动能力的变化对其亲属的生活产生直接或间接影响的,所以任某的近亲属也可以申请复查鉴定。如果任某所在的公司认为任某的伤残程度发生变化,其劳动能力已不能胜任原工作,也可以申请劳动能力复查鉴定。

(2)在法定期限内提出劳动能力复查鉴定申请。劳动能力复查鉴定的申请时间为劳动能力鉴定结论作出之日起1年后。因此,无论是任某或者其近亲属，还是任某所在公司或经办机构提出劳动能力复查鉴定申请的，都应当在任某被认定为工伤，经劳动能力鉴定后开始享受工伤保险待遇的 1 年后提出。

34.应当在什么期限内申请劳动能力再次鉴定和劳动能力复查鉴定？

案例：

　　肖某因公出差时遭遇车祸，造成身体残疾。肖某申请劳动能力鉴定后，对劳动能力鉴定委员会作出的首次鉴定结论不予认可，于是向省级劳动能力鉴定委员会申请了再次鉴定。然而，在鉴定结论作出后不久，肖某的伤残病情发生了变化，鉴于这种情况，肖某向劳动能力鉴定委员会申请复查鉴定。问：劳动者申请再次鉴定以及复查鉴定分别应当在什么期限内进行？

专家解析：

　　劳动能力鉴定是劳动能力鉴定机构对劳动者在职业活动中因工负伤或患职业病后，根据国家工伤保险法规规定，在评定伤残等级时通过医学检查对劳动功能障碍程度（伤残程度）和生活自理障碍程度所作的鉴定。申请鉴定的单位或者个人对设区的市级劳动能力鉴定委员会作出的首次鉴定结论不服的，可以向省、自治区、直辖市劳动能力鉴定委员会提出再次鉴定申请。劳动能力复查鉴定是经劳动能力鉴定委员会鉴定过的工伤职工，在鉴定结论作出一段时期后，工伤职工或者其直系亲属、所在单位或者经办机构认为残情发生变化，向劳动能力鉴定委员会提出申请，劳动能力鉴定委员会依据国家标准对其进行的复查鉴定。劳动能力再次鉴定和劳动能力复查鉴定申请都应当在法定的期限内提出。

专家支招：

本案中的肖某对设区的市级劳动能力鉴定委员会作出的首次鉴定结论不服,应当在收到该鉴定结论之日起 15 日内向省、自治区、直辖市劳动能力鉴定委员会提出再次鉴定申请。之后,肖某因残情发生变化申请劳动能力复查鉴定,应当在劳动能力鉴定委员会作出劳动能力鉴定结论之日起 1 年以后提出。

35.什么是工伤保险？哪些单位应当为职工办理工伤保险？

案例：

田某工作中被机器扎伤右手中指, 顿时血流不止, 被送往医院治疗。经诊查,田某的右手中指甲床大部分损坏、指骨外露,医生建议截掉一节。田某不同意,后被转到另一家医院治疗,但最终受伤的手指还是做了截肢手术。由于田某所在工厂依法参加了工伤保险,田某享受到了工伤保险待遇。问:什么是工伤保险? 哪些单位应当为职工办理工伤保险?

专家解析：

工伤保险是指劳动者由于工作原因并在工作过程中遭受意外伤害,或因接触粉尘、放射线、有毒有害物质等职业危害因素引起职业病后,由国家或社会给负伤、致残者以及死亡者生前供养亲属提供必要的物质帮助的一项社会保险制度。工伤保险属于社会保险范畴,主要目的在于分散用人单位的工伤风险,保障因工作遭受事故伤害或者患职业病的职工获得医疗救治和经济补偿,促进工伤预防和职业康复。

我国工商保险的覆盖面十分广泛。根据《工伤保险条例》第2条规定,中华人民共和国境内的企业、事业单位、社会团体、民办非企业单位、基金会、律师事务所、会计师事务所等组织和有雇工的个体工商户(以下称用人单位)应当依照本条例规定参加工伤保险,为本单位全部职工或者雇工(以下称职工)缴纳工伤保险费。中华人民共和国境内的企业、事业单位、社会团体、民办非企业单位、基金会、律师事务所、会计师事务所等组织的职工和个体工商户的雇工,均有依照工伤保险条例规定享受工伤保险待遇的权利。可见,我国工伤保险覆盖范围相当广泛,包括在中国境内工作的全体劳动者,应当参加工伤保险的用人单位是中华人民共和国境内的各类企业、事业单位、社会团体、民办非企业单位、基金会、律师事务所、会计师事务所等组织和有雇工的个体工商户。这里的企业包括在中国境内的所有形式的企业,包括来中国投资的外国企业。有雇工的个体工商户一般是指雇佣2至7名学徒或帮工,在工商行政管理部门进行登记的自然人。国家机关不缴费参加工伤保险制度,其工作人员工伤待遇由所在单位支付。

工伤保险中,职工享有以下权利:(1)按照工伤保险条例规定享受工伤保险待遇的权利;(2)提出工伤认定申请和劳动能力鉴定的权利;(3)举报监督的权利;(4)对工伤认定受理或者工伤认定决定不服依法提出行政复议申请或提起行政诉讼的权利。职工在享有上述权利的同时,也应当遵守有关安全生产和职业病防治的法律法规,执行安全卫生规程和标准,预防工伤事故发生,减少事故和职业病的危害,发生事故和职业病伤害后,协助劳动保障行政部门对事故进行调查核实,积极配合治疗和康复。

工伤保险中，用人单位应当履行以下义务：(1) 参加工伤保险，为本单位全部职工缴纳工伤保险费，并将参加工伤保险的有关情况在本单位内公示；(2)遵守有关安全生产和职业病防治的法律法规，执行安全卫生规程和标准，预防工伤事故发生，避免和减少职业病的危害；(3)职工发生工伤时，采取措施使工伤职工得到及时救治；(4)履行工伤认定申请和劳动能力鉴定申请的义务；(5) 支付按规定应由单位支付的有关费用和工伤职工待遇；(6) 协助劳动保障行政部门对事故进行调查核实。

专家支招：

由于我国境内的各类企业都应当参加工伤保险，其雇工均有权依照工伤保险条例的规定享受工伤保险待遇，因此，本案中的田某因工作受到伤害被认定为工伤，就能够享受到工伤保险待遇。工伤保险坚持损害补偿原则来给付待遇，补偿时不仅要考虑劳动者维持原来本人及其家庭基本生活，进行劳动力生产和再生产的最直接、最重要的费用来源的损失，同时还要考虑伤害程度、伤害性质以及职业康复和激励等因素。

36.违反操作规程的劳动者是否能享受工伤保险待遇？

案例：

秦某在某厂打工。为防止工伤事故，该厂曾多次强调安全问题，并进行安全教育，要求操作工人在安放设备上的胶垫时必须使用铁钩，防止钢板坠落伤人。一次工作中，秦某在安放胶垫时未按规定使用铁钩，直接用手放置,结果支撑钢板的千斤顶滑落,将秦某右手砸伤。秦某被立即送往医院治疗,住院期间的医疗费、护理费、交通费以及后续治疗的费用,共13000元由秦某所在工厂全部承担。之后,秦某进行了残情鉴定,结果是认定伤残等级为工伤七级。秦某认为自己是在工作中致残的,应当享受工伤待遇。但秦某所在工厂认为,秦某是因违反操作规程才造成了工伤,不同意赔偿。问:违章操作的劳动者能享受工伤保险待遇吗?

专家解析:

工伤保险对发生伤害事故或因职业病被认定为工伤的劳动者补偿时适用无过错责任原则,发生工伤,不论用人单位或劳动者是否存在过错,不论责任在哪一方,只要发生损害结果,受到事故伤害的劳动者都可以按照规定的工伤保险待遇标准得到赔偿。对于违反操作规程的违章作业应当区分疏忽大意和蓄意违章两种情况。凡属意外疏忽致使劳动者在劳动过程中负伤、致残、死亡的,即使劳动者有过错或责任,一般都应认定为工伤,享受工伤待遇。如果是蓄意违章的,根据工伤保险条例规定,故意犯罪、醉酒、吸毒、自残、自杀的,不得认定为工伤,此外未作其他限制。

专家支招:

本案中的工伤事故虽然是由于秦某违章作业造成的,但秦某所在工厂有根据工伤保险条例规定给予秦某工伤待遇的义务,应当给付医疗费、误工费、住院生活补助费、护理费、交通费、伤残补助金等费用。秦某不要放弃获得工伤待遇的权利。用人单位如果拒绝的,秦某可以根据劳动争议处理的有关规定提起劳动争议仲裁。对劳动争议仲裁有异议的,可以向单位所在地的人民法院提起民事诉讼,请求判令用人单位支付相应的赔偿金。

37.工伤保险费应由谁缴纳？

案例：

　　某公司刚刚招聘了王某等 11 名员工，并为王某等人交了工伤保险。公司要求王某等人支付部分工伤保险的费用。问：工伤保险费用应当由谁缴纳？

专家解析：

　　工伤保险费用应当由用人单位按时为职工或者雇工缴纳，职工或者雇工个人不缴纳工伤保险费。根据工伤保险条例规定，中华人民共和国境内的企业、事业单位、社会团体、民办非企业单位、基金会、律师事务所、会计师事务所等组织和有雇工的个体工商户为用人单位，应当依法参加工伤保险，为本单位全部职工或者雇工缴纳工伤保险费。中华人民共和国境内的企业、事业单位、社会团体、民办非企业单位、基金会、律师事务所、会计师事务所等组织的职工和个体工商户的雇工，均有依法享受工伤保险待遇的权利。

　　用人单位缴纳工伤保险费的数额为本单位职工工资总额乘以单位缴费费率之积。对难以按照工资总额缴纳工伤保险费的行业，其缴纳工伤保险费的具体方式，由国务院社会保险行政部门规定。费率根据以支定收、收支平衡的原则确定。国家根据不同行业的工伤风险程度确定行业的差别费率，并根据工伤保险费使用、工伤发生率等情况在每个行业内确定若干费率档次。

家支招：

本案中的用人单位即某公司有义务缴纳王某等 11 名员工的全部工伤保险费用，不得要求王某等人缴纳工伤保险费。

38.工伤保险待遇包括哪些内容？工伤保险待遇应由谁支付？

例：

谭某与某工厂签订了劳动合同，该厂为职工办理了工伤保险。谭某负责机器维修工作，由于该工厂绝大部分机器既无加油工具又无防护设施，所以谭某多次向工厂提出改进和防护建议，但始终无果。一次，谭某在给机器加油时，左手食指、中指、小指前两节、无名指三节被齿轮压伤，均为粉碎性缺损。谭某住院治疗，期间产生的费用均由用人单位承担。之后，谭某被劳动能力鉴定委员会鉴定为七级伤残，部分丧失劳动能力。谭某要求工厂支付伤残补助金等费用，但遭到工厂拒绝。于是谭某向当地劳动争议仲裁委员会申请仲裁。最终，劳动争议仲裁委员会裁定谭某享受工伤保险待遇，用人单位除已支付的医疗费，还应当给予谭某伤残补助金等其他工伤保险待遇。问：工伤保险待遇包括哪些内容？工伤保险待遇应由谁支付？

家解析：

根据工伤保险条例规定，职工因工作遭受事故伤害或者患职业病进行治疗的，可以依法享受以下工伤保险待遇：

(1)工伤医疗待遇

职工因工作遭受事故伤害或者患职业病进行治疗，享受工伤医疗待遇。工伤医疗待遇是职工在工伤医疗期内所享受的待遇。这种待遇主要是工伤医疗期待遇及其他待遇。工伤医疗期是职工因工负伤或者患职业病停止工作接受治疗和领取暂时性工伤津贴的期限。根据工伤保险条例规定，职工因工作遭受事故伤害或者患职业病需要暂停工作接受工伤医疗的，停工留薪期一般不超过 12 个月。伤情严重或者情况特殊，经设区的市级劳动能力鉴定委员会确认，可以适当延长，但延长不得超过 12 个月。也就是说，工伤医疗期限为 12 个月，最长不超过 24 个月。工伤医疗期内，工伤职工除医疗期限待遇外，还有停工留薪待遇、生活护理待遇。这些待遇一般由工伤职工所在单位负责。

工伤职工在医疗期间所需费用主要包括医疗费用及相关费用。根据工伤保险条例规定，职工治疗工伤应当在签订服务协议的医疗机构就医，情况紧急时可以先到就近的医疗机构急救。治疗工伤所需费用符合工伤保险诊疗项目目录、工伤保险药品目录、工伤保险住院服务标准的，从工伤保险基金支付。工伤保险诊疗项目目录、工伤保险药品目录、工伤保险住院服务标准，由国务院社会保险行政部门会同国务院卫生行政部门、食品药品监督管理部门等部门规定。职工住院治疗工伤的伙食补助费，以及经医疗机构出具证明，报经办机构同意，工伤职工到统筹地区以外就医所需的交通、食宿费用从工伤保险基金支付，基金支付的具体标准由统筹地区人民政府规定。

工伤职工治疗非工伤引发的疾病，不享受工伤医疗待遇，按照基本医疗保险办法处理。

（2）康复待遇

职工因工作遭受事故伤害或者患职业病，享受康复待遇。康复待遇主要包括康复医疗费用及其他费用。工伤职工因日常生活或者就业需要，经劳动能力鉴定委员会确认，可以安装假肢、矫形器、假眼、假牙和配置轮椅等辅助器具，所需费用按照国家规定的标准从工伤保险基金支付。工伤职工到签订服务协议的医疗机构进行工伤康复的费用，符合规定的,从工伤保险基金支付。

(3)停工留薪待遇。

职工因工作遭受事故伤害或者患职业病,停工留薪期享受停工留薪待遇。停工留薪期是指职工因工负伤或者患职业病停止工作接受治疗并享受有关待遇的期限。根据工伤保险条例规定,职工因工作遭受事故伤害或者患职业病需要暂停工作接受工伤医疗的,在停工留薪期内,原工资福利待遇不变,由所在单位按月支付。停工留薪期一般不超过12个月,伤情严重或者情况特殊,经设区的市级劳动能力鉴定委员会确认,可以适当延长,但延长不得超过12个月。工伤职工评定伤残等级后,停发原待遇,按照本章的有关规定享受伤残待遇。工伤职工在停工留薪期满后仍需治疗的,继续享受工伤医疗待遇。生活不能自理的工伤职工在停工留薪期需要护理的,由所在单位负责。可见,停工留薪期的待遇主要包括医疗费用及原工资福利待遇不变等。这里的"原工资福利待遇"是指职工在受伤前或未被确诊为职业病前,用人单位发给职工按照出勤对待的全部工资和福利待遇。

(4)伤残待遇

伤残待遇是指职工因公负伤医疗终结后,经劳动能力鉴定机构作出劳动能力鉴定结论后,根据伤残程度和劳动能力下降程度而享受的社会保险待遇。工伤职工在停工留薪治疗期间结束后,即开始享受伤残待遇。伤残待遇一般包括护理费、辅助器具费、一次性伤残补助金、一次性医疗补助金和伤残就业金等。具体为:

护理费。①工伤职工已经评定伤残等级并经劳动能力鉴定委员会确认需要生活护理的,从工伤保险基金按月支付生活护理费。②生活护理费按照生活完全不能自理、生活大部分不能自理或者生活部分不能自理3个不同等级支付,其标准分别为统筹地区上年度职工月平均工资的50%、40%或者30%。③生活不能自理的工伤职工在停工留薪期需要护理的,由所在单位负责。

辅助器具费。工伤职工因日常生活或者就业需要,经劳动能力鉴定委员会确认,可以安装假肢、矫形器、假眼、假牙和配置轮椅等辅助器具,所需费用按照国家规定的标准从工伤保险基金支付。

一次性伤残补助金、一次性工伤医疗补助金、一次性伤残就业补助金。一次性伤残补助金一般是指职工因公负伤或患职业病,由劳动能力鉴定委员会机构确认残疾和进行劳动能力鉴定后,按其伤残程度给付一次性补偿的工伤待遇。①职工因工致残被鉴定为一级至四级伤残的,保留劳动关系,退出工作岗位:从工伤保险基金按伤残等级支付一次性伤残补助金;从工伤保险基金按月支付伤残津贴;工伤职工达到退休年龄并办理退休手续后,停发伤残津贴,按照国家有关规定享受基本养老保险待遇,基本养老保险待遇低于伤残津贴的,由工伤保险基金补足差额。②职工因工致残被鉴定为五级、六级伤残的:从工伤保险基金按伤残等级支付一次性伤残补助金;保留与用人单位的劳动关系,由用人单位安排适当工作,难以安排工作的,由用人单位按月发给伤残津贴,并由用人单位按照规定为其缴纳应缴纳的各项社会保险费,伤残津贴实际金额低于当地最低工资标准的,由用人单位补足差额;工伤职工本人提出解除或者终止劳动关系,由工伤保险基金支付一次性工伤医疗补助金,由用人单位支付一次性伤残就业补助金。③职工因工致残被鉴定为七级至十级伤残的:从工伤保险基金按伤残等级支付一次性伤残补助金;劳动、聘用合同期满终止,或者职工本人提出解除劳动、聘用合同的,由工伤保险基金支付一次性工伤医疗补助金,由用人单位支付一次性伤残就业补助金。

(5)工亡待遇

工亡待遇是指职工因工伤事故直接导致死亡、停工医疗期间死亡、工伤旧伤复发死亡而支付给工伤职工所供养家属的待遇。主要包括丧葬补助金、供养亲属抚恤金、一次性工亡补助金等。

(6)职业病待遇

职业病待遇主要包括医疗、调动工作、疗养等待遇。

由于伤残津贴、供养亲属抚恤金、生活护理费不是一次性待遇，而是长期或者持续一定时期的待遇，因此，在各种社会环境发生变化时，为了保证工伤待遇水平不降低，《工伤保险条例》第40条规定，伤残津贴、供养亲属抚恤金、生活护理费由统筹地区社会保险行政部门根据职工平均工资和生活费用变化等情况适时调整。调整办法由省、自治区、直辖市人民政府规定。

专家支招：

本案中，由于谭某所在单位参加了工伤保险，因此工伤职工谭某依法享有工伤医疗待遇、停工留薪待遇、伤残待遇和康复待遇。其中停工留薪待遇由谭某所在单位负责，其他待遇一般均由工伤保险基金支付。需要说明的是，工伤保险基金是为了建立工伤保险制度，使工伤职工能够得到及时的救助和享受工伤保险待遇而筹集的资金。工伤保险基金由用人单位缴纳的工伤保险费、工伤保险基金的利息和依法纳入工伤保险基金的其他资金构成。用人单位应当按时缴纳工伤保险费，职工个人不缴纳工伤保险费。建立工伤保险基金的目的：一是保障伤残劳动者的基本需要，如保障劳动者的医疗服务、手术治疗费、生活护理费、伤残津贴、丧葬补助金以及遗属抚恤费等；二是基金来源及费率标准应当可行，既要体现公平，对于不同风险程度的用人单位征收不同的保险费，又要考虑用人单位和国家的经济承受能力，不应出现企业因缴纳保险费而被迫提高产品价格、市场竞争力下降的现象。

39.用人单位未为劳动者办理工伤保险,工伤职工能否获得工伤保险赔偿?

案例:

李某与某公司签订了为期1年的劳动合同,但公司未按规定为李某办理工伤保险手续。一次李某在外出工作中遭遇交通事故,造成头部、眼部重伤。问:用人单位未为劳动者办理工伤保险,工伤职工能否获得工伤保险赔偿?

专家解析:

工伤保险条例规定,中华人民共和国境内的企业、事业单位、社会团体、民办非企业单位、基金会、律师事务所、会计师事务所等组织和有雇工的个体工商户应当依照本条例规定参加工伤保险,为本单位全部职工或者雇工缴纳工伤保险费。中华人民共和国境内的企业、事业单位、社会团体、民办非企业单位、基金会、律师事务所、会计师事务所等组织的职工和个体工商户的雇工,均有依照工商保险条例规定享受工伤保险待遇的权利。可见,我国工伤保险覆盖范围相当广泛,包括在中国境内工作的全体劳动者,应当参加工伤保险的用人单位是中华人民共和国境内的各类企业、事业单位、社会团体、民办非企业单位、基金会、律师事务所、会计师事务所等组织和有雇工的个体工商户。这里的企业包括在中国境内的所有形式的企业,包括来中国投资的外国企业。有雇工的个体工商户一般是指雇佣2至7名学徒或帮工,在工商行政管理部门进行登记的自然人。国家机关不缴费参加工伤保险制度,其工作人员工伤待遇由所在单位支付。

工伤保险赔偿是用人单位为其职工建立工伤保险关系,一旦发生工伤事故则由保险机构对受害人予以赔偿。工伤保险赔偿属于社会保障法的范畴,如果单位没有给职工缴纳工伤保险,职工发生工伤事故的,应当按照工伤保险条例的相关规定请求工伤保险赔偿,用人单位也应当依照工伤保险条例的规定对职工进行赔偿。劳动者被诊断患有职业病,但用人单位没有依法参加工伤保险的,其医疗和生活保障由最后的用人单位承担;最后的用人单位有证据证明该职业病是先前用人单位的职业病危害造成的,由先前的用人单位承担。

专家支招:

本案中的李某与用人单位签订了劳动合同。用人单位虽然未按规定为其办理工伤保险,但在李某发生工伤事故受到伤害时,仍然要依据工伤保险条例的规定,按照工伤保险待遇标准对李某进行赔偿,支付医疗费、一次性伤残补助金、一次性就业补助金等。

根据《工伤保险条例》第62条规定,用人单位依照本条例规定应当参加工伤保险而未参加的,由社会保险行政部门责令限期参加,补缴应当缴纳的工伤保险费,并自欠缴之日起,按日加收万分之五的滞纳金;逾期仍不缴纳的,处欠缴数额1倍以上3倍以下的罚款。依照工伤保险条例规定应当参加工伤保险而未参加工伤保险的用人单位职工发生工伤的,由该用人单位按照本条例规定的工伤保险待遇项目和标准支付费用。用人单位参加工伤保险并补缴应当缴纳的工伤保险费、滞纳金后,由工伤保险基金和用人单位依照本条例的规定支付新发生的费用。

 # 40.工伤职工旧伤复发应享受哪些工伤待遇？

案例：

　　张某是某造纸厂工人。三年前，张某因工造成颈椎损伤，被认定为工伤，后治愈。不久前，张某在工作中因搬运生产材料致颈椎旧伤复发。问：工伤职工旧伤复发的享受哪些工伤待遇？

专家解析：

　　《工伤保险条例》第 38 条规定："工伤职工工伤复发，确认需要治疗的，享受本条例第三十条、第三十二条和第三十三条规定的工伤待遇。"根据这一规定，工伤职工工伤复发确需治疗的，享受以下工伤待遇：

　　（1）工伤医疗待遇。职工治疗工伤应当在签订服务协议的医疗机构就医，情况紧急时可以先到就近的医疗机构急救。治疗工伤所需费用符合工伤保险诊疗项目目录、工伤保险药品目录、工伤保险住院服务标准的，从工伤保险基金支付。工伤保险诊疗项目目录、工伤保险药品目录、工伤保险住院服务标准，由国务院社会保险行政部门会同国务院卫生行政部门、食品药品监督管理部门等部门规定。职工住院治疗工伤的伙食补助费，以及经医疗机构出具证明，报经办机构同意，工伤职工到统筹地区以外就医所需的交通、食宿费用从工伤保险基金支付，基金支付的具体标准由统筹地区人民政府规定。工伤职工治疗非工伤引发的疾病，不享受工伤医疗待遇，按照基本医疗保险办法处理。工伤职工到签订服务协议的医疗机构进行工伤康复的费用，符合规定的，从工伤保险基金支付。

（2）工伤职工因日常生活或者就业需要，经劳动能力鉴定委员会确认，可以安装假肢、矫形器、假眼、假牙和配置轮椅等辅助器具，所需费用按照国家规定的标准从工伤保险基金支付。

（3）停工留薪期待遇。职工因工作遭受事故伤害或者患职业病需要暂停工作接受工伤医疗的，在停工留薪期内，原工资福利待遇不变，由所在单位按月支付。停工留薪期一般不超过 12 个月。伤情严重或者情况特殊，经设区的市级劳动能力鉴定委员会确认，可以适当延长，但延长不得超过 12 个月。工伤职工评定伤残等级后，停发原待遇，按照本章的有关规定享受伤残待遇。工伤职工在停工留薪期满后仍需治疗的，继续享受工伤医疗待遇。生活不能自理的工伤职工在停工留薪期需要护理的，由所在单位负责。

专家支招：

本案中的张某工伤旧伤复发，可以根据工伤保险条例规定享受工伤医疗待遇、停工留薪待遇和伤残待遇，获得医疗费、住院期间伙食补助费、交通费、食宿费、护理费、辅助器具费、一次性伤残补助金、一次性医疗补助金和伤残就业金等。

41.职工因工外出期间发生事故或者在抢险救灾中下落不明的工伤待遇如何处理？

案例：

林某是某公司的员工，在参加当地抗洪抢险时被洪水冲走，下落不明。林某的家属认为林某是在抗洪抢险中下落不明的，至今已有 5 个月的时间，但林某所在单位却没有任何说法，也没有给予他们任何工伤待遇。问:职工在抢险救灾中下落不明的,工伤待遇如何处理?

专家解析:

这个问题同时还涉及职工因工外出期间发生事故的工伤待遇处理。根据《工伤保险条例》第41条规定,职工因工外出期间发生事故或者在抢险救灾中下落不明的工伤待遇应当按照下列办法处理:

(1)所在单位按照该职工原来的工资标准向该职工的直系亲属或者其他关系密切的人员发放工资当月起3个月内照发工资。职工在外发生事故或者抢险救灾下落不明的,根据有关规定,从事故发生当月起3个月内推定该职工仍然存活,由职工所在单位按照该职工原来的工资标准向该职工的直系亲属或者其他关系密切的人员发放工资。

(2)从第4个月起停发工资,由工伤保险基金向其供养亲属按月支付供养亲属抚恤金。职工在外发生事故或者抢险救灾下落不明的,经过3个月后仍然没有下落的,应当根据有关规定停止发放其工资,改为由工伤保险基金向其供养亲属按月支付供养亲属抚恤金。这种做法实际上是在劳动保险问题上暂时视为职工已死亡。但并不是法律上宣布其已死亡,因此不应当发生死亡所产生的一系列法律关系,比如继承等,也不能完全按照工亡职工的有关规定办理。

(3)生活有困难的,可以预支一次性工亡补助金的50%。工亡职工的供养亲属生活有实际困难的,考虑到该职工可能已经死亡,且该职工的供养亲属有生活困难需要一定的经济补偿,可以由工伤保险基金发放一次性工亡补助金的50%。

(4)职工被人民法院依法宣告死亡的,其近亲属按照下列规定从工伤保险基金领取丧葬补助金、供养亲属抚恤金和一次性工亡补助金:①丧葬补助金为6个月的统筹地区上年度职工月平均工资。②供养亲属抚恤金按照工亡职工本人生前工资的一定比例计发,但是在初次核定时,各供养亲属的抚恤金之和不得高于工亡职工的本人工资,以后调整供养亲属抚恤金时不受此限制,标准为:配偶每月40%,其他亲属每人每月30％，孤寡老人或者孤儿每人每月在上述标准的基础上增加10％。核定的各供养亲属的抚恤金之和不应高于因工死亡职工生前的工资。③一次性工亡补助金标准为上一年度全国城镇居民人均可支配收入的20倍。

家支招：

本案中，由于林某在抗洪抢险中下落不明已5个月，林某家属应当要求以下工伤待遇：(1)要求林某所在单位按照林某原工资标准发放3个月的工资；(2)从事故发生的第4个月开始，向工伤保险基金按月请求给付供养亲属抚恤金，工伤保险基金应当支付；(3)林某家属生活有困难的，可以由工伤保险基金预支一次性工亡补助金的50％；(4)如果林某在法律上被宣告死亡，其近亲属可以从工伤保险基金领取规定数额的丧葬补助金、供养亲属抚恤金和一次性工亡补助金。

42.哪些情况下工伤职工停止享受工伤保险待遇？

案例：

某建筑材料厂工人高某工作中发生工伤事故伤害，从十几米的高处摔下，造成颅脑损伤、颅内出血。高某被及时送往医院抢救，脱离了生命危险。之后，建筑公司一直承担高某医疗期间的所有医疗费用及其他相关费用。由于建筑公司已经为职工办理了工伤保险，为使高某能及时享受工伤保险待遇，建筑公司提出了对高某劳动能力的鉴定申请。然而，高某主张建筑公司一次性赔偿其各种损失共计50万元，拒不配合进行劳动能力鉴定。双方虽经多次协商，高某始终坚持自己的观点。无奈，有关部门决定停止高某的工伤保险待遇。问：哪些情况下工伤职工停止享受工伤保险待遇?

专家解析：

根据《工伤保险条例》第 42 条规定,工伤职工有下列情形之一的,停止享受工伤保险待遇:(1)丧失享受待遇条件的。工伤职工如果在享受工伤保险待遇期间情况发生了变化,不再具备享受工伤保险待遇的条件,如已经完全康复而无需工伤保险制度提供保障时,应当停止工伤保险待遇。(2)拒不接受劳动能力鉴定的。劳动能力鉴定是享受工伤保险待遇的前提基础和依据。工伤职工如果没有正当理由拒不接受劳动能力鉴定,工伤保险待遇就无法确定,也表明工伤职工不愿接受工伤保险制度提供的帮助,应当停止工伤保险待遇。(3)拒绝治疗的。工伤职工如果无正当理由拒绝接受治疗,不仅不利于尽快地恢复正常、健康的生活,也违背工伤保险的基本宗旨,应当停止工伤保险待遇。

专家支招：

本案中,发生工伤事故的高某本应当享受工伤保险待遇,但是高某却无正当理由拒绝进行劳动能力鉴定。由于劳动能力鉴定是工伤职工享受工伤保险待遇的前提基础和依据,高某拒不进行鉴定,工伤保险待遇就无法确定,因此,应当停止高某的工伤待遇。

43.用人单位分立、合并、转让、承包经营的,工伤保险待遇如何处理?

案例：

周某是某煤矿的采煤工,被职业病诊断机构诊断为尘肺Ⅱ级,并被劳动能力鉴定机构鉴定为伤残四级。周某患上职业病后,要求煤矿报销医药费及其他相关费用遭拒,也没有得到企业的任何补助费用。不久,该煤矿并入某煤矿集团。周某向该煤矿集团主张工伤保险待遇。问:用人单位分立、合并、转让、承包经营的,工伤保险待遇如何处理?

专家解析:

用人单位分立是指一个单位分成两个或两个以上单位;合并是指两个或两个以上的单位联合组成一个单位或一个单位兼并另一个或一个以上单位;转让是指一个单位的权利义务转移给另一个单位;承包经营是在坚持企业所有制不变的基础上,按照所有权与经营权相分离的原则,以承包经营合同形式,确定所有者与企业的责权利关系,促使企业做到自主经营、自负盈亏的经营管理机构鉴定制度。用人单位分立、合并、转让的,根据《工伤保险条例》第 43 条规定,其工伤保险责任由承继单位承担,原用人单位已经参加工伤保险的,承继单位应当到当地经办机构办理工伤保险变更登记。用人单位实行承包经营的,工伤保险责任由职工劳动关系所在单位承担,即本企业内部职工承包的对职工的工伤保险责任应由本企业来承担;外部承包的,对职工的工伤保险责任就由中标的经营集团或企业法人承担。

专家支招:

本案中工伤职工周某所在单位的情形属于企业合并。根据工伤保险条例的规定,周某的工伤保险待遇应当由合并后的煤矿集团负责。周某应当要求煤矿集团报销职业病的医疗费用和其他相关费用,并要求给予其他工伤保险待遇,煤矿集团不得拒绝。

44.职工被借调期间发生工伤的,工伤保险待遇如何处理?

案例:

刘某是 A 纺织厂保全工,因工技术能力强,被借调到 B 纺织厂作技术指导,约定借调期限为 6 个月。刘某在 B 纺织厂工作时发生意外事故,右手被机器夹伤,并被送往医院住院治疗。住院期间,B 纺织厂支付了全部的医疗费用。刘某所受伤害被认定为工伤。刘某出院后,B 纺织厂给付其 8000 元并要求其离开工厂。刘某离厂后,被评定为七级伤残,于是向 B 纺织厂要求一次性残疾补助金、工伤辞退费以及工伤期间的工资等。B 纺织厂认为刘某只是借调人员,并非该厂正式职工,其工伤保险待遇不应由自己承担。问:职工被借调期间发生工伤的,工伤保险待遇如何处理?

专家解析:

根据《工伤保险条例》第 43 条规定,职工被借调期间受到工伤事故伤害的,由原用人单位承担工伤保险责任,但原用人单位可以在借调前或事后与借入单位就相应补偿达成协议,原用人单位承担被借调职工的工伤保险责任后,可以按照协议要求借入单位给予补偿。

专家支招:

本案中,刘某的原单位即 A 纺织厂应当承担刘某的工伤保险责任。因此,刘某对借调期间发生的工伤事故,只需向 A 纺织厂主张权利,要求支付有关工伤保险费用,而不是要求 B 纺织厂支付费用。至于 A 纺织厂和 B 纺织厂之间如何分配责任,刘某则无需考虑。

45.企业破产的,工伤保险待遇如何处理?

案例:

郭某是某国有机床厂的工人,在一次加工机器零件时,右手被机器压伤,经当地社会保险行政部门认定为工伤。李某住院治疗期间花掉医疗费 5000 余元,出院后,要求机床厂报销医疗费并支付住院期间伙食补助费等相关费用。但机床厂以企业严重亏损,无钱支付为由,仅为郭某报销了医疗费用。之后不久,该机床厂因经营不善宣告破产。郭某向破产清算组提出了清偿工伤待遇费用的要求。问:企业破产的,工伤保险责任如何处理?

专家解析:

破产是指企业法人不能清偿到期债务,在法定情形下依照企业破产法、民事诉讼法和其他相关的法律规定宣告其破产,将其所有的财产按法定清偿顺序公平地偿还给所有债权人的一种法律制度。这里的"破产企业"包括已参加工伤保险和未参加工伤保险的破产企业。对于已经参加工伤保险的破产企业,在破产清算时,按照规定应当由其向本企业企业工伤职工及其直系亲属、供养亲属优先拨付依法应由单位支付的工伤保险待遇费用,包括医疗费、伙食费、护理费、按期缴纳的工伤保险费等,列入第一顺序清偿。对于未参加工伤保险的破产企业,除医疗费、伙食费、护理费外,工伤保险条例规定的其他各项工伤保险待遇费用都应当由破产企业按照第一顺序优先清偿。

专家支招：

本案中，郭某所在机床厂应当支付郭某的工伤保险待遇费用。虽然机床厂因经营不善破产，但郭某的工伤保险待遇应该得到应有的保障。所以，破产清算时，应当优先支付郭某的工伤待遇费用。

46.职工被派出境外工作期间的工伤关系如何处理？

案例：

赵某被公司派往国外工作，为期3年。赵某接受指派后，对自己今后的工伤关系如何处理、工伤保险费如何缴纳等问题十分关心。问：职工被派出境外工作期间的工伤关系如何处理？

专家解析：

《工伤保险条例》第44条规定："职工被派遣出境工作，依据前往国家或者地区的法律应当参加当地工伤保险的，参加当地工伤保险，其国内工伤保险关系中止；不能参加当地工伤保险的，其国内工伤保险关系不中止。"目前国际上工伤保险没有互免协议。一些国家法律规定，前往该国工作或在该国停留期间，必须依据该国的法律参加工伤保险或购买意外伤害保险。国内的工伤保险与境外的工伤保险，在保障的性质和作用方面大体相同，但在保险项目、保险额度、支付方式上存在差异。

专家支招：

本案中的赵某被派遣出境工作，其工伤保险待遇因是否在当地参加工伤保险而进行不同的处理：(1)依据前往国家或者地区的法律应当参加当地工伤保险的，赵某参加当地工伤保险后，其国内工伤保险关系中止,待回国后工伤保险关系接续;(2)赵某在境外不能参加工伤保险的,其国内工伤保险关系不中止,继续按照国内工伤保险法律规定执行,包括工伤保险费的缴纳、工伤认定与评残、待遇的发放等。

47.工伤职工再次发生工伤的怎样享受伤残津贴待遇?

案例:

　　张某多年前工作中左手受伤导致残疾,被劳动能力鉴定委员会鉴定为一级伤残。近日,张某在生产中左腿受伤,再次发生的工伤伤害被劳动能力鉴定委员会鉴定为五级伤残。张某想知道自己再次发生工伤事故,应当享受的工伤待遇会不会发生变化。问:工伤职工再次发生工伤的怎样享受伤残津贴待遇?

专家解析:

　　工伤职工再次发生工伤是指工伤职工遭受两次或两次以上的工伤事故或患职业病。《工伤保险条例》第45条规定:"职工再次发生工伤,根据规定应当享受伤残津贴的,按照新认定的伤残等级享受伤残津贴待遇。"根据这一规定,职工前次工伤事故造成的病情经治疗并经劳动能力鉴定委员会鉴定伤残等级后,再次遭受工伤事故或患职业病的,必然会加剧病情。工伤职工治疗后,经劳动能力鉴定委员会重新鉴定,伤残等级发生变化,根据规定应当享受伤残待遇的应当按照新认定的伤残等级来享受伤残津贴待遇。

专家支招:

　　本案中的张某再次发生工伤事故,应当享受的工伤待遇一定会发

生变化。根据工伤保险条例的规定,张某应当按照劳动能力鉴定委员会新认定的伤残等级即五级伤残来享受伤残津贴待遇。

 ## 48.农民工能否享受工伤保险待遇?

案例:

外地户籍的农民工沈某在一家造纸厂打工。该厂参加了工伤保险,但对于是否需要为农民工沈某缴纳工伤保险费用,厂内存在分歧。问:农民工能否享受工伤保险待遇?

专家解析:

工伤保险是一项社会保障制度。农民工是可以参加工伤保险的,而且雇佣农民工的用人单位有义务为农民工缴纳工伤保险费。根据2004年6月1日劳动和社会保障部发布的《关于农民工参加工伤保险有关问题的通知》规定,农民工参加工伤保险、依法享受工伤保险待遇是《工伤保险条例》赋予包括农民工在内的各类用人单位职工的基本权益,各类用人单位招用的农民工均有享受工伤保险待遇的权利。凡是与用人单位建立劳动关系的农民工,用人单位必须及时为他们办理参加工伤保险的手续。对用人单位为农民工先行办理工伤保险的,各地经办机构应予办理。

专家支招:

本案中的农民工沈某与其他职工一样,有依法享受工伤保险待遇的权利,造纸厂应当为沈某缴纳工伤保险费用。对于用人单位来说,农民工多为外地户籍。农民工受到事故伤害或患职业病后,在参保地进行工伤认定、劳动能力鉴定,并按照参保地的规定依法享受工伤保险待遇。用人单位在注册地和生产经营地均未参加工伤保险的,农民工受到事故伤害或者患职业病后,在生产经营地进行工伤认定、劳动能力鉴定,并按生产经营地的规定依法由用人单位支付工伤保险待遇。

对跨省流动的农民工,即户籍不在参加工伤保险统筹地区(生产经营地)所在省(自治区、直辖市)的农民工,一至四级伤残长期待遇的支付,可试行一次性支付和长期支付两种方式,供农民工选择。在农民工选择一次性或长期支付方式时,支付其工伤保险待遇的社会保险经办机构应向其说明情况。一次性享受工伤保险长期待遇的,需由农民工本人提出,与用人单位解除或者终止劳动关系,与统筹地区社会保险经办机构签订协议,终止工伤保险关系。一至四级伤残农民工一次性享受工伤保险长期待遇的具体办法和标准由省(自治区、直辖市)劳动保障行政部门制定,报省(自治区、直辖市)人民政府批准。

49.职工因公致残被鉴定为一级至四级伤残的可以享受哪些待遇?

案例:

阎某为某公司的高级工程师,月工资为8300元。在一次执行公司安排的任务中,阎某被路边做测量用的反光装置反射过来的阳光照伤眼睛。经诊断为双眼黄斑裂孔(光损伤),视功能受损,不能完全恢复,且视力仍在继续下降,有可能导致双眼失明。事故发生后,阎某眼部所受伤害被认定为工伤。之后,阎某申请申请劳动能力鉴定,经查,阎某双眼黄斑裂孔,右眼视力0.01,左眼视力0.01。劳动鉴定委员会做出鉴定结论,鉴定阎某伤残等级为三级,护理等级为三级,属因工全部丧失劳动能力。阎某依法保留劳动关系,退出工作岗位,依法领取了伤残津贴、生活护理费等工伤待遇。问:职工因公致残被鉴定为一级至四级伤残的可以享受哪些待遇?

专家解析：

《劳动能力鉴职工工伤与职业病致残等级》(GB/T16180-2006)中规定了劳动能力鉴定——职工工伤与职业病致残等级分级。

一级伤残具体包括:(1)极重度智能损伤;(2)四肢瘫肌力≤3级或三肢瘫肌力≤2级;(3)颈4以上截瘫,肌力≤2级;(4)重度运动障碍(非肢体瘫);(5)面部重度毁容,同时伴有表B.2中二级伤残之一者;(6)全身重度瘢痕形成,占体表面积≥90%,伴有脊柱及四肢大关节活动功能基本丧失;(7)双肘关节以上缺失或功能完全丧失;(8)下肢高位缺失及一上肢高位缺失;(9)双下肢及一上肢严重瘢痕畸形,活动功能丧失;(10)双眼无光感或仅有光感但光定位不准者;(11)肺功能重度损伤和呼吸困难Ⅳ级,需终生依赖机械通气;(12)双肺或心肺联合移植术,(13)小肠切除≥90%;(14)肝切除后原位肝移植;(15)胆道损伤原位肝移植;(16)全胰切除;(17)双侧肾切除或孤肾切除术后,用透析维持或同种肾移植术后肾功能不全尿毒症期,(18)尘肺Ⅲ期伴肺功能重度损伤及／或重度低氧血症[po_2<5.3kPa(40mmHg)];(19)其他职业性肺部疾患,伴肺功能重度损伤及／或重度低氧血症〔PO_2<5.3kPa(40mmHg)〕;(20)放射性肺炎后,两叶以上肺纤维化伴重度低氧血症[po_2<5.3kPa(40mmHg)];(21)职业性肺癌伴肺功能重度损伤;(22)职业性肝血管肉瘤,重度肝功能损害;(23)肝硬化伴食道静脉破裂出血,肝功能重度损害;(24)肾功能不全尿毒症期,内生肌酐清除率持续<10mL/min,或血浆肌酐水平持续>707}imal/L(8mg/dL)。

二级伤残具体包括:(1)重度智能损伤;(2)三肢瘫肌力3级;(3)偏瘫肌力≤2级;(4)截瘫肌力≤2级;(5)双手全肌瘫肌力≤3级;(6)完全感觉性或混合性失语;(7)全身重度瘢痕形成,占体表面积≥80%,伴有四肢大关节中3个以上活动功能受限;(8)全面部瘢痕痕或植皮伴有重度毁容;(9)双侧前臂缺失或双手功能完全丧失;(10)双下肢高位缺失;(11)双下肢瘢痕畸形,功能完全丧失;(12)双膝双踝僵直于非功能位;(13)双膝以上缺失;(14)双膝、踝关节功能完全丧失;(15)同侧上、下肢瘢痕痕畸形,功能完全丧失;(16)四肢大关节(肩、髋、膝、肘)中四个以上关节功能完全丧失者;(17)一眼有或无光感,另眼矫正视力≤0.02,或视野≤8%(或半径≤5°);(18)无吞咽功能,完全依赖胃管进食;(19)双侧上领骨完全缺损;(20)双侧下领骨完全缺损;(21)一侧上领骨及对侧下领骨完全缺损,并伴有颜面软组织缺损>30cm2(注:2是平方);(22)一侧全肺切除并胸廓成形术,呼吸困难Ⅲ级;(23)心功能不全三级;(24)食管闭锁或损伤后无法行食管重建术,依赖胃造痿或空肠造瘘进食;(25)小肠切除3/4,合并短肠综合症;(26)肝切除3/4,并肝功能重度损害;(27)肝外伤后发生门脉高压三联症或发生Budd-chiari综合征;(28)胆道损伤致肝功能重度损害;(29)胰次全切除,胰腺移植术后;(30)孤肾部分切除后,肾功能不全失代偿期;(31)肺功能重度损伤及/或重度低氧血症;(32)尘肺Ⅲ期伴肺功能中度损伤及/或中度低氧血症;(33)尘肺Ⅱ期伴肺功能重度损伤及/或重度低氧血症[po2<5.3kPa(40mmHg)];(注:PO2中2是下标)(34)尘肺Ⅲ期伴活动性肺结核;(35)职业性肺癌或胸膜间皮瘤;(36)职业性急性白血病;(37)急性重型再生障碍性贫血;(38)慢性重度中毒性肝病;(39)肝血管肉瘤;(40)肾功能不全尿毒症期,内生肌酐清除率<25mL/min或血浆肌酐水平持续>450μmol/L,(5mg/dL);(41)职业性膀胱癌;(42)放射性肿瘤。

三级伤残具体包括:(1)神病性症状表现为危险或冲动行为者;(2)

精神病性症状致使缺乏生活自理能力者;(3)重度癫痫;(4)偏瘫肌力 3 级;(5)截瘫肌力 3 级;(6)双足全肌瘫肌力≤2 级;(7)中度运动障碍(非肢体瘫);(8)完全性失用、失写、失读、失认等具有两项及两项以上者;(9)全身重度瘢痕形成,占体表面积≥70%,伴有四肢大关节中 2 个以上活动功能受限;(10)面部瘢痕或植皮≥2/3 并有中度毁容;(11)一手缺失,另一手拇指缺失;(12)双手拇、食指缺失或功能完全丧失;(13)一侧肘上缺失;(14)一手功能完全丧失,另一手拇指对掌功能丧失;(15)双髋、双膝关节中,有一个关节缺失或无功能及另一关节伸屈活动达不到 0°～9° 者;(16)一侧髋、膝关节畸形,功能完全丧失;(17)非同侧腕上、踝上缺失;(18)非同侧上、下肢瘢痕畸形,功能完全丧失;(19)一眼有或无光感,另眼矫正视力≤0.05 或视野≤16%(半径≤10°);(20)双眼矫正视力<0.05 或视野≤16%(半径≤10°);(21)一侧眼球摘除或眶内容剜出,另眼矫正视力<0.1 或视野□24%(或半径≤15°);(22)呼吸完全依赖气管套管或造口;(23)静止状态下或仅轻微活动即有呼吸困难〔喉源性〕;(24)同侧上、下颌骨完全缺损;(25)一侧上颌骨完全缺损,伴颜面部软组织缺损>30cm2(注:2 为平方);(26)一侧下颌骨完全缺损,伴颜面部软组织缺损>30cm2(注:同上);(27)舌缺损>全舌的 2/3;(28)一侧全肺切除并胸廓成形术;(29)一侧胸廓成形术,肋骨切除 6 根以上;(30)一侧全肺切除并隆凸切除成形术;(31)一侧全肺切除并血管代用品重建大血管术;(32)Ⅲ度房室传导阻滞;(33)肝切除 2/3,并肝功能中度损害;(34)胰次全切除,胰岛素依赖;(35)一侧肾切除,对侧肾功能不全失代偿期;(36)双侧输尿管狭窄,肾功能不全失代偿期;(37)永久性输尿管腹壁造瘘;(38)膀胱全切除;(39)尘肺Ⅲ期;(40)尘肺Ⅱ期伴肺功能中度损伤及(或)中度低氧血症;(41)尘肺Ⅱ期合并活动性肺结核;(42)放射性肺炎后两叶肺纤维化,伴肺功能中度损伤及(或)中度低氧血症;(43)粒细胞缺乏症;(44)再生障碍性贫血;(45)职业性慢性白血病;(46)中毒性血液病,骨髓增生异常综合征;(47)中毒性血液病,严重出血或血小板含量≤2×1010(注:10 的 10 次方)/L;(48)砷性皮肤癌;(49)放射性皮肤癌。

四级伤残具体包括:(1)中度智能损伤;(2)精神病性症状致使缺乏社交能力者;(3)单肢瘫肌力≤2 级;(4)双手部分肌瘫肌力≤2 级;(5)一手全肌瘫肌力≤2 级;(6)脑脊液漏伴有颅底骨缺损不能修复或反复手术失败;(7)面部中度毁容;(8)全身瘢痕面积≥60%,四肢大关节中 1 个关节活动功能受限;(9)面部瘢痕或植皮≥1/2 并有轻度毁容;(10)双拇指完全缺失或无功能;(11)一侧手功能完全丧失,另一手部分功能丧失;(12)一侧膝以下缺失,另一侧前足缺失;(13)一侧膝以上缺失;(14)一侧踝以下缺失,另一足畸形行走困难;(15)双膝以下缺失或无功能;(16)一眼有或无光感,另眼矫正视力＜0.2 或视野≤32%(或半径≤20°);(17)一眼矫正视力＜0.05,另眼矫正视力≤0.1;(18)双眼矫正视力＜0.1 或视野≤32%(或半径≤20°);(19)双耳听力损失≥91dB;(20)牙关紧闭或因食管狭窄只能进流食;(21)一侧上颌骨缺损 1/2,伴颜面部软组织缺损＞20cm2(注:2 为平方);(22)下颌骨缺损长 6cm 以上的区段,伴口腔、颜面软组织缺损＞20cm2(注:2 为平方);(23)双侧颞下颌关节骨性强直,完全不能张口;(25)面颊部洞穿性缺损＞20cm2(注:2 为平方);(25)双侧完全性面瘫;(26)一侧全肺切除术;(27)双侧肺叶切除术;(28)肺叶切除后并胸廓成形术后;(29)肺叶切除并隆凸切除成形术后;(30)一侧肺移植术;(31)心瓣膜置换术后;(32)心功能不全二级;(33)食管重建术后吻合口狭窄,仅能进流食者;(34)全胃切除;(35)胰头、十二指肠切除;(36)小肠切除 3/4;(37)小肠切除 2/3,包括回盲部切除;(38)全结肠、直肠、肛门切除,回肠造瘘;(39)外伤后肛门排便重度障碍或失禁;(40)肝切除 2/3;(41)肝切除 1/2,肝功能轻度损害;(42)胆道损伤致肝功能中度损害;(43)甲状腺功能重度损害;(44)肾修补术后,肾功能不全失代偿期;(45)输尿管修补术后,肾功能不全失代偿期;(46)永久性膀胱造瘘;(47)重度排尿障碍;(48)神经原性膀胱,残余尿≥50mL;(49)尿道狭窄,需定期行扩张术;(50)双侧肾上腺缺损;(51)未育妇女双侧卵巢切除;(52)尘肺Ⅱ期;(53)尘肺Ⅰ期伴肺功能中度损伤或中度低氧血症;(54)尘肺Ⅰ期伴活动性肺结核;(55)病态窦房结综合征(需安装起搏器者);(56)肾上腺皮质功能明显减退;(57)免疫功能明显减退。

根据《工伤保险条例》第35条规定,职工因工致残被鉴定为一级至四级伤残,保留劳动关系,退出工作岗位,分别享受以下待遇:

一级伤残待遇包括:(1)一次性伤残补助金。从工伤保险基金支付一次性伤残补助金,标准为27个月的本人工资。计算公式为:一级伤残补助金=本人工资×27个月。(2)按月支付的伤残津贴。从工伤保险基金按月支付伤残津贴,标准为本人工资的90%。计算公式为:一级伤残津贴=本人工资×90%。(3)工伤职工达到退休年龄并办理退休手续后,停发按月支付的伤残津贴,按照国家有关规定享受基本养老保险待遇。基本养老保险待遇低于伤残津贴的,由工伤保险基金补足差额。

二级伤残待遇包括:(1)一次性伤残补助金。从工伤保险基金支付一次性伤残补助金,标准为25个月的本人工资。计算公式为:二级伤残补助金=本人工资×25个月。(2)按月支付的伤残津贴。从工伤保险基金按月支付伤残津贴,标准为本人工资的85%。计算公式为:二级伤残津贴=本人工资×85%。(3)工伤职工达到退休年龄并办理退休手续后,停发按月支付的伤残津贴,按照国家有关规定享受基本养老保险待遇。基本养老保险待遇低于伤残津贴的,由工伤保险基金补足差额。

三级伤残待遇包括:(1)一次性伤残补助金。从工伤保险基金支付一次性伤残补助金,标准为23个月的本人工资。计算公式为:三级伤残补助金=本人工资×23个月。(2)按月支付的伤残津贴。从工伤保险基金按月支付伤残津贴,标准为本人工资的80%。计算公式为:三级伤残津贴＝本人工资×80%。(3)工伤职工达到退休年龄并办理退休手续后,停发按月支付的伤残津贴,按照国家有关规定享受基本养老保险待遇。基本养老保险待遇低于伤残津贴的,由工伤保险基金补足差额。

四级伤残待遇包括:(1)一次性伤残补助金。从工伤保险基金支付一次性伤残补助金,标准为21个月的本人工资。计算公式为:四级伤残补助金＝本人工资×21个月。(2)按月支付的伤残津贴。从工伤保险基金按月支付伤残津贴,标准为本人工资的75%。计算公式为:四级伤残津贴＝本人工资×75%。(3)工伤职工达到退休年龄并办理退休手续后,停发按月支付的伤残津贴,按照国家有关规定享受基本养老保险待遇。基本养老保险待遇低于伤残津贴的,由工伤保险基金补足差额。

职工因工致残被鉴定为一级至四级伤残的,由用人单位和职工个人以伤残津贴为基数,缴纳基本医疗保险费。

专家支招:

本案中,阎某被鉴定为伤残等级三级,应当保留与用人单位的劳动关系,退出工作岗位,应当得到的赔偿有:

(1)一次性伤残补助金为23个月的本人工资,即8300元×23个月＝190,900元;

(2)按月支付的伤残津贴为本人工资的80%,即8300元×80%＝6,640元;

(3)到退休年龄并办理退休手续后,停发按月支付的伤残津贴,按照国家有关规定享受基本养老保险待遇。基本养老保险待遇低于伤残津贴的,由工伤保险基金补足差额。

本人工资是指工伤职工因工作遭受事故伤害或者患职业病前12

个月平均月缴费工资。本人工资高于统筹地区职工平均工资 300% 的，按照统筹地区职工平均工资的 300% 计算；本人工资低于统筹地区职工平均工资 60% 的，按照统筹地区职工平均工资的 60% 计算。按月支付的伤残津贴实际金额低于当地最低工资标准的，由工伤保险基金补足差额。

50.职工因公致残被鉴定为五级、六级伤残的可以享受哪些待遇？

案例：

建筑工程公司工人孙某在工地工作时不慎被钢板砸伤，经医院诊断为：肝挫裂伤；失血性休克；肝包膜下出血，后经医院救治行右半肝切除术。孙某向社会保险行政部门提出工伤认定申请，被依法认定为工伤，后又向劳动能力鉴定委员会提出劳动能力鉴定申请，被鉴定为五级伤残。问：职工因公致残被鉴定为五级、六级伤残的可以享受哪些待遇？

专家解析：

《劳动能力鉴职工工伤与职业病致残等级》(GB/T16180-2006)中规定了劳动能力鉴定——职工工伤与职业病致残等级分级。

五级伤残具体包括：(1)癫痫中度；(2)四肢瘫肌力 4 级；(3)单肢瘫肌力 3 级；(4)双手部分肌瘫肌力 3 级；(5)一手全肌瘫肌力 3 级；(6)双足全肌瘫肌力 3 级；(7)完全运动性失语；(8)完全性失用、失写、失读、失认等具有一项者；(9)不完全性失用、失写、失读、失认等具有多项者；(10)全身瘢痕占体表面积≥50%，并有关节活动功能受限；(11)面部瘢痕或植皮≥1/3 并有毁容标准之一项；(12)脊柱骨折后遗 30° 以上侧弯或后凸畸形,伴严重根性神经痛(以电生理检查为依据);(13)一侧前臂缺失;(14)一手功能完全丧失;(15)肩、肘、腕关节之一功能完全丧失;(16)一手拇指缺失,另一手除拇指外三指缺失;(17)一手拇指无功能,另一手除拇指外三指功能丧失;(18)双前足缺失或双前足瘢痕畸形,功能完全丧失;(19)双跟骨足底软组织缺损瘢痕形成,反复破溃;(20)一髋(或一膝)功能完全丧失;(21)一侧膝以下缺失;(22)第Ⅲ对脑神经麻痹;(23)双眼外伤性青光眼术后,需用药物维持眼压者;(24)一眼有或无光感,另眼矫正视力≤0.3或视野≤40%(或半径≤25°);(25)一眼矫正视力<0.05,另眼矫正视力≤0.2~0.25;(26)一眼矫正视力<0.1,另眼矫正视力等于0.1;(27)双眼视野≤40%(或半径≤25°);(28)一侧眼球摘除者;(29)双耳听力损失≥81dB;(30)一般活动及轻工作时有呼吸困难;(31)吞咽困难,仅能进半流食;(32)双侧喉返神经损伤,喉保护功能丧失致饮食呛咳、误吸;(33)一侧上颌骨缺损>1/4,但<1/2,伴软组织缺损>10cm2(注:2为平方),但<20cm2(注:2为平方);(34)下颌骨缺损长4cm以上的区段,伴口腔、颜面软组织缺损>10cm2(注:2为平方)(35)舌缺损>1/3,但<2/3;(36)一侧完全面瘫,另一侧不完全面瘫;(37)双肺叶切除术;(38)肺叶切除术并血管代用品重建大血管术;(39)隆凸切除成形术;(40)食管重建术后吻合口狭窄,仅能进半流食者;(41)食管气管(或支气管)瘘;(42)食管胸膜瘘;(43)胃切除3/4;(44)十二指肠憩室化;(45)小肠切除2/3,包括回肠大部;(46)直肠、肛门切除,结肠部分切除,结肠造瘘;(47)肝切除1/2;(48)胰切除2/3;(49)甲状腺功能重度损害;(50)一侧肾切除,对侧肾功能不全代偿期;(51)一侧输尿管狭窄,肾功能不全代偿期;(52)尿道瘘不能修复者;(53)两侧睾丸、副睾丸缺损;(54)生殖功能重度损伤;(55)双侧输精管缺损,不能修复;(56)阴茎全缺损;(57)未育妇女子宫切除或部分切除;(58)已育妇女双侧卵巢切除;(59)未育妇女双侧输卵管切除;(60)阴道闭锁;(61)会阴

部瘢痕挛缩伴有阴道或尿道或肛门狭窄;(62)未育妇女双侧乳腺切除;(63)肺功能中度损伤;(64)中度低氧血症;(65)莫氏Ⅱ型Ⅱ度房室传导阻滞;(66)病态窦房结综合征(不需安起搏器者);(67)中毒性血液病,血小板减少(≤4×1010(注:1010为10的10次方)/L)并有出血倾向;(68)中毒性血液病,白细胞含量持续<3×109(注:109为10的9次方)/L(<3000/mm3(注::3为立方))或粒细胞含量<1.5×109(注:109为10的9次方)/L(1500/mm3(注:3为立方));(69)慢性中度中毒性肝病;(70)肾功能不全失代偿期,内生肌酐清除率持续<50mL/min或血浆肌酐水平持续>177μmol/L(>2mg/dL);(71)放射性损伤致睾丸萎缩;(72)慢性重度磷中毒;(73)重度手臂振动病。

六级伤残具体包括:(1)轻度智能损伤;(2)精神病性症状影响职业劳动能力者;(3)三肢瘫肌力4级;(4)截瘫双下肢肌力4级伴轻度排尿障碍;(5)双手全肌瘫肌力4级;(6)双足部分肌瘫肌力≤2级;(7)单足全肌瘫肌力≤2级;(8)轻度运动障碍(非肢体瘫);(9)不完全性失语;(10)面部重度异物色素沉着或脱失;(11)面部瘢痕或植皮≥1/3;(12)全身瘢痕面积≥40%;(13)撕脱伤后头皮缺失1/5以上;(14)脊柱骨折后遗小于30°畸形伴根性神经痛(神经电生理检查不正常);(15)单纯一拇指完全缺失,或连同另一手非拇指二指缺失;(16)一拇指功能完全丧失,另一手除拇指外有二指功能完全丧失;(17)一手三指(含拇指)缺失;(18)除拇指外其余四指缺失或功能完全丧失;(19)一侧踝以下缺失;(20)一侧踝关节畸形,功能完全丧失;(21)下肢骨折成角畸形>15°,并有肢体短缩4cm以上;(22)一前足缺失,另一足仅残留拇趾;(23)一前足缺失,另一足除拇趾外,2~5趾畸形,功能丧失;(24)一足功能丧失,另一足部分功能丧失;(25)一髋或一膝关节伸屈活动达不到0°~90°者;(26)单侧跟骨足底软组织缺损瘢痕形成,反复破溃;(27)一眼有或无光感,另一眼矫正视力≥0.4;(28)一眼矫正视力≤0.05,另一眼矫正视力≥0.3;(29)一眼矫正视力≤0.1,另一眼矫正视力≥0.2;(30)双眼矫正视力≤0.2或视野≤48%(或半径≤30');(31)第Ⅳ或第Ⅵ对脑神经麻痹,或眼外肌损伤致复视的;(32)双耳听力损失≥71dB;(33)双侧前庭功能丧失,睁眼行走困难,不能并足站立;(34)单侧或双侧颞下颌关节强直,张口困难Ⅲ°;(35)一侧上颌骨缺损1/4,伴口腔、颜面软组织缺损>10cm2(注:2为平方);(36)面部软组织缺损>20cm2(注:同上),伴发涎瘘;(37)舌缺损>1/3,但<1/2;(38)双侧颧骨并颧弓骨折,伴有开口困难Ⅱ°以上及颜面部畸形经手术复位者;(39)双侧下颌骨髁状突颈部骨折,伴有开口困难Ⅱ°以上及咬合关系改变,经手术治疗者;(40)一侧完全性面瘫;(41)肺叶切除并肺段或楔形切除术;(42)肺叶切除并支气管成形术后;(43)支气管(或气管)胸膜瘘;(44)冠状动脉旁路移植术;(45)血管代用品重建大血管;(46)胃切除2/3;(47)小肠切除1/2,包括回盲部;(48)肛门外伤后排便轻度障碍或失禁,(49)肝切除1/3;(50)胆道损伤致肝功能轻度损伤;(51)腹壁缺损面积≥腹壁的1/4;(52)胰切除1/2;(53)青年脾切除;(54)甲状腺功能中度损害;(55)甲状旁腺功能中度损害;(56)肾损伤性高血压;(57)膀胱部分切除合并轻度排尿障碍;(58)两侧睾丸创伤后萎缩,血睾酮低于正常值;(59)生殖功能轻度损伤;(60)阴茎部分缺损;(61)已育妇女双侧乳腺切除;(62)女性双侧乳房完全缺损或严重瘢痕畸形;(63)尘肺Ⅰ期伴肺功能轻度损伤及(或)轻度低氧血症;(64)放射性肺炎后肺纤维化(<两叶),伴肺功能轻度损伤及(或)轻度低氧血症;(65)其他职业性肺部疾患,伴肺功能轻度损伤;(66)白血病完全缓解;(67)中毒性肾病,持续性低分子蛋白尿伴白蛋白尿;(68)中毒性肾病,肾小管浓缩功能减退;(69)肾上腺皮质功能轻度减退;(70)放射性损伤致甲状腺功能低下;(71)减压性骨坏死Ⅲ期;(72)中度手臂振动病;(73)工业性氟病Ⅲ期。

根据《工伤保险条例》第36条规定,职工因工致残被鉴定为五级、

六级伤残的,享受以下待遇:

(1)一次性伤残补助金。从工伤保险基金按伤残等级支付一次性伤残补助金,标准为:五级伤残为 18 个月的本人工资,六级伤残为 16 个月的本人工资;计算公式为:五级伤残补助金 = 本人工资 × 18 个月;六级伤残补助金 = 本人工资 × 16 个月。

(2)按月支付伤残津贴。工伤职工保留与用人单位的劳动关系的,由用人单位安排适当工作。对难以安排工作的工伤职工,由用人单位按月发给伤残津贴,标准为本人工资的 70%;六级伤残为本人工资的 60%。计算公式为:五级伤残津贴 = 本人工资 × 70%;六级伤残为本人工资的 60%,并由用人单位按照规定为其缴纳应缴纳的各项社会保险费。伤残津贴实际金额低于当地最低工资标准的,由用人单位补足差额。

(3)一次性工伤医疗补助金和一次性伤残就业补助金。经工伤职工本人提出与用人单位解除或者终止劳动关系的,由工伤保险基金支付一次性工伤医疗补助金,由用人单位支付一次性伤残就业补助金。一次性工伤医疗补助金和一次性伤残就业补助金的具体标准由省、自治区、直辖市人民政府规定。

专家支招:

本案中的孙某被鉴定为五级伤残,其应当享受的待遇包括:(1)总计为 18 个月本人工资的一次性伤残补助金;(2)按月支付的为本人工资 70% 的伤残津贴;(3)用人单位为其缴纳应缴纳的各种社会保险费;(4)孙某如果提出与用人单位解除或者终止劳动关系的,可获得一次性工伤医疗补助金和一次性伤残就业补助金。本人工资是指工伤职工因工作遭受事故伤害或者患职业病前 12 个月平均月缴费工资。本人工资高于统筹地区职工平均工资 300% 的,按照统筹地区职工平均工资的300% 计算;本人工资低于统筹地区职工平均工资 60% 的,按照统筹地区职工平均工资的60%计算。

 51.职工因公致残被鉴定为七级至十级伤残的可以享受哪些待遇?

例:

副某在某钢铁厂工作时遭受身体伤害,经医疗诊断为:右桡骨茎突及舟状骨骨折,右手食指末节完全离断,双上肢广泛皮肤碾挫伤,右尺骨桡骨远端骨折,并下尺桡关节脱位,后虽经手术治疗,但仍留下严重残疾。副某所受伤害被认定为工伤,伤情稳定后申请劳动能力鉴定,伤残等级被鉴定为七级。问:职工因公致残被鉴定为七级至十级伤残的可以享受哪些待遇?

专家解析:

《劳动能力鉴职工工伤与职业病致残等级》(GB/T16180-2006)中规定了劳动能力鉴定——职工工伤与职业病致残等级分级。

七级伤残具体包括:(1)偏瘫肌力4级;(2)截瘫肌力4级;(3)单手部分肌瘫肌力3级;(4)双足部分肌瘫肌力3级;(5)单足全肌瘫肌力3级;(6)中毒性周围神经病重度感觉障碍;(7)不完全性失用、失写、失读和失认等具有一项者;(8)符合重度毁容标准之二项者;(9)烧伤后颅骨全层缺损≥30cm2(注:2为平方),或在硬脑膜上植皮面积≥10cm2(注:2为平方);(10)颈部瘢痕挛缩,影响颈部活动;(11)全身瘢痕面积≥30%;(13)面部瘢痕、异物或植皮伴色素改变占面部的10%以上;13)女性两侧乳房部分缺损;(14)骨盆骨折后遗产道狭窄(未育者);(15)骨盆骨折严重移位,症状明显者;(16)一拇指指间关节离断;(17)一拇指指间关节畸形,功能完全丧失;(18)一手除拇指外,其他2~3指(含食指)近侧指间关节离断;(19)一手除拇指外,其他2~3指(含食指)近侧指间关节功能丧失;(20)肩、肘、腕关节之一损伤后活动度未达功能位者;(21)一足1~5趾缺失;(22)一足除拇趾外,其他四趾瘢痕畸形,功能完全丧失;(23)一前足缺失;(24)四肢大关节人工关节术后,基本能生活自理;(25)四肢大关节创伤性关节炎,长期反复积液;(26)下肢伤后短缩>2cm,但<3cm者;(27)膝关节韧带损伤术后关节不稳定,伸屈功能正常者;(28)一眼有或无光感,另眼矫正视力≥0.8;(29)一眼有或无光感,另一眼各种客观检查正常;(30)一眼矫正视力≤0.05,另眼矫正视力≥0.6;(31)一眼矫正视力≤0.1,另眼矫正视力≥0.4;(32)双眼矫正视力≤0.3或视野≤64%(或半径≤40°);(33)单眼外伤性青光眼术后,需用药物维持眼压者;(34)双耳听力损失≥56dB;(35)咽成形术后,咽下运动不正常;(36)牙槽骨损伤长度≥8cm,牙齿脱落10个及以上;(37)一侧颧骨并颧弓骨折;(38)一侧下颌骨髁状突颈部骨折;(39)双侧颧骨并颧弓骨折,无功能障碍者;(40)(单侧颧骨并颧弓骨折,伴有开口困难Ⅱ° 以上及颜面部畸形经手术复位者;(41)双侧不完全性面瘫;(42)肺叶切除术;(43)限局性脓胸行部分胸廓成形术;(44)气管部分切除术;(45)肺功能轻度损伤;(46)食管重建术后伴返流性食管炎;(47)食管外伤或成形术后咽下运动不正常;(48)胃切除1/2;(49)小肠切除1/2;(50)结肠大部分切除;(51)肝切除1/4;(52)胆道损伤,胆肠吻合术后;(53)成人脾切除;(54)胰切除1/3;(55)一侧肾切除;(56)膀胱部分切除;(57)轻度排尿障碍;(58)已育妇女子宫切除或部分切除;(59)未育妇女单侧卵巢切除;(60)已育妇女双侧输卵管切除;(61)阴道狭窄;(62)未育妇女单侧乳腺切除;(63)尘肺Ⅰ期,肺功能正常;(64)放射性肺炎后肺纤维化(<两叶),肺功能正常;(65)轻度低氧血症;(66)心功能不全一级;(67)再生障碍性贫血完全缓解;(68)白细胞减少症,[含量

持续 < 4 × 109(注:109 为 10 的 9 次方)/L(4000/mm3)];(注:mm3 为 mm 立方)(69)中性粒细胞减少症,[含量持续 < 2X109/L(2000/mm3)];(注:同上,9 次方和 3 次方)(70)慢性轻度中毒性肝病;(71)肾功能不全代偿期,内生肌酐清除率 < 70mL/min;(72)三度牙酸蚀病。

八级伤残具体包括:(1)人格改变;(2)单肢体瘫肌力 4 级;(3)单手全肌瘫肌力 4 级;(4)双手部分肌瘫肌力 4 级;(5)双足部分肌瘫肌力 4 级;(6)单足部分肌瘫肌力 ≤3 级;(7)脑叶切除术后无功能障碍;(8)符合重度毁容标准之一项者;(9)面部烧伤植皮 ≥1/5;(10)面部轻度异物沉着或色素脱失;(11)双侧耳廓部分或一侧耳廓大部分缺损;(12)全身瘢痕面积 ≥20%;(13)女性一侧乳房缺损或严重瘢痕畸形;(14)一侧或双侧眼睑明显缺损;(15)脊椎压缩骨折,椎体前缘总体高度减少 1/2 以上者;(16)一手除拇、食指外,有两指近侧指间关节离断;(17)一手除拇、食指外,有两指近侧指间关节无功能;(18)一足拇趾缺失,另一足非拇趾一趾缺失;(19)一足拇趾畸形,功能完全丧失,另一足非拇趾一趾畸形;(20)一足除拇趾外,其他三趾缺失;(21)因开放骨折感染形成慢性骨髓炎,反复发作者;(22)四肢大关节创伤性关节炎,无积液;(23)急性放射皮肤损伤Ⅳ度及慢性放射性皮肤损伤手术治疗后影响肢体功能;(24)放射性皮肤溃疡经久不愈者;(25)一眼矫正视力 ≤0.2,另眼矫正视力 ≥0.5;(26)双眼矫正视力等于 0.4;(27)双眼视野 ≤80%(或半径 ≤50°);(28)一侧或双侧睑外翻或睑闭合不全者;(29)上睑下垂盖及瞳孔 1/3 者;(30)睑球粘连影响眼球转动者;(31)外伤性青光眼行抗青光眼手术后眼压控制正常者;(32)双耳听力损失 ≥41dB 或一耳 ≥91dB;(33)体力劳动时有呼吸困难;(34)发声及言语困难;(35)牙槽骨损伤长度 ≥6cm,牙齿脱落 8 个及以上;(36)舌缺损 < 舌的 1/3;(37)双侧鼻腔或鼻咽部闭锁;(38)双侧颞下颌关节强直,张口困难Ⅱ°;(39)上、下颌骨骨折,经牵引、固定治疗后有功能障碍者;(40)双侧颧骨并颧

弓骨折,无开口困难,颜面部凹陷畸形不明显,不需手术复位;(41)肺段切除术;(42)支气管成形术;(43)双侧多根多处肋骨骨折致胸廓畸形;(44)膈肌破裂修补术后,伴膈神经麻痹;(45)心脏、大血管修补术;(46)心脏异物滞留或异物摘除术;(47)食管重建术后,进食正常者;(48)胃部分切除;49)十二指肠带蒂肠片修补术;(50)小肠部分切除;(51)结肠部分切除;(52)肝部分切除;(53)胆道修补术;(54)腹壁缺损面积<腹壁的1/4;(55)脾部分切除;(56)胰部分切除;(57)甲状腺功能轻度损害;(58)甲状旁腺功能轻度损害;(59)输尿管修补术;(60)尿道修补术;(61)一侧睾丸、副睾丸切除;(62)一侧输精管缺损,不能修复;(63)性功能障碍;(64)一侧肾上腺缺损,(65)已育妇女单侧卵巢切除;(66)已育妇女单侧输卵管切除;(67)已育妇女单侧乳腺切除;(68)其他职业性肺疾患,肺功能正常;(69)中毒性肾病,持续低分子蛋白尿;(70)慢性中度磷中毒;(71)工业性氟病Ⅱ期;(72)减压性骨坏死Ⅱ期;(73)轻度手臂振动病;(74)二度牙酸蚀。

九级伤残具体包括:(1)癫痫轻度;(2)中毒性周围神经病轻度感觉障碍;(3)脑挫裂伤无功能障碍;(4)开颅手术后无功能障碍者;(5)颅内异物无功能障碍;(6)颈部外伤致颈总、颈内动脉狭窄,支架置入或血管搭桥手术后无功能障碍;(7)符合中度毁容标准之二项或轻度毁容者;(8)发际边缘瘢痕性秃发或其他部位秃发,需戴假发者;(9)颈部瘢痕畸形,不影响活动;(10)全身瘢痕占体表面积≥5%;(11)面部有≥8cm2(注:2为平方)或三处以上≥1cm2(注:2为平方)的瘢痕;(12)两个以上横突骨折后遗腰痛;(13)三个节段脊柱内固定术;(14)脊椎压缩前缘高度<1/2者;15)椎间盘切除术后无功能障碍;16)一拇指末节部分1/2缺失;(17)一手食指2~3节缺失;(18)一拇指指间关节功能丧失;(19)一足拇趾末节缺失;(20)除拇趾外其他二趾缺失或瘢痕畸形,功能不全;(21)跖骨或跗骨骨折影响足弓者;(22)患肢外伤后一年仍持续存在下

肢中度以上凹陷性水肿者；(23)骨折内固定术后,无功能障碍者；(24)外伤后膝关节半月板切除、髌骨切除、膝关节交叉韧带修补术后无功能障碍；(25)第Ⅴ对脑神经眼支麻痹；(26)眶壁骨折致眼球内陷、两眼球突出度相差＞2mm或错位变形影响外观者；(27)眼矫正视力≤0.3,另眼矫正视力＞0.6；(28)双眼矫正视力等于0.5；(29)泪器损伤,手术无法改进溢泪者；(30)耳听力损失≥31dB或一耳损失≥71dB；(31)发声及言语不畅；(32)铬鼻病有医疗依赖；(33)牙槽骨损伤长度＞4cm,牙脱落4个及以上；(34)上、下颌骨骨折,经牵引、固定治疗后无功能障碍者；(35)肺修补术；(36)肺内异物滞留或异物摘除术；(37)膈肌修补术；(38)限局性脓胸行胸膜剥脱术；(39)食管修补术；(40)胃修补术后；(41)十二指肠修补术；(42)小肠修补术后；(43)结肠修补术后；(44)肝修补术后；(45)胆囊切除；(46)开腹探查术后；(47)脾修补术后；(48)胰修补术后；(49)肾修补术后；(50)膀胱修补术后；(51)子宫修补术后；(52)一侧卵巢部分切除；(53)阴道修补或成形术后；(54)乳腺成形术后。

十级伤残具体包括：(1)符合中度毁容标准之一项者；(2)面部有瘢痕,植皮,异物色素沉着或脱失＞2cm2(注：2为平方)；(3)全身瘢痕面积＜5%,但≥1%；(4)外伤后受伤节段脊柱骨性关节炎伴腰痛,年龄在50岁以下者；(5)椎间盘突出症未做手术者；(6)一手指除拇指外,任何一指远侧指间关节离断或功能丧失；(7)指端植皮术后(增生性瘢痕1cm2(注：2为平方)以上)；(8)手背植皮面积＞50cm2(注：2为平方),并有明显瘢痕；(9)掌、足掌植皮面积＞30%者；(10)除拇指外,余3～4指末节缺失；(11)除拇趾外,任何一趾末节缺失；(12)足背植皮面积＞100cm2(注：2为平方)；(13)膝关节半月板损伤、膝关节交叉韧带损伤未做手术者；(14)身体各部位骨折愈合后无功能障碍；(15)一手或两手慢性放射性皮肤损伤Ⅱ度及Ⅱ度以上者；(16)一眼矫正视力≤0.5,另一眼矫正视力≥0.8;(17)双眼矫正视力≤0.8;(18)一侧或双侧睑外翻或睑闭合不全行成形手术后矫正者;(19)上睑下垂盖及瞳孔 1/3 行成形手术后矫正者;(20)睑球粘连影响眼球转动行成形手术后矫正者;(21)职业性及外伤性白内障术后人工晶状体眼,矫正视力正常者;(22)职业性及外伤性白内障,矫正视力正常者;(23)晶状体部分脱位;(24)眶内异物未取出者;(25)眼球内异物未取出者;(26)外伤性瞳孔放大;(27)角巩膜穿通伤治愈者;(28)双耳听力损失≥26dB,或一耳≥56dB;(29)双侧前庭功能丧失,闭眼不能并足站立;(30)铬鼻病(无症状者);(31)嗅觉丧失;(32)牙齿除智齿以外,切牙脱落 1 个以上或其他牙脱落 2 个以上;(33)一侧颞下颌关节强直,张口困难 I 度;(34)鼻窦或面颊部有异物未取出;(35)单侧鼻腔或鼻孔闭锁;(36)鼻中隔穿孔;(37)一侧不完全性面瘫;(28)血、气胸行单纯闭式引流术后,胸膜粘连增厚;(39)开胸探查术后;(40)肝外伤保守治疗后;(41)胰损伤保守治疗后;(42)脾损伤保守治疗后;43)肾损伤保守治疗后;44)膀胱外伤保守治疗后;(45)卵巢修补术后;(46)输卵管修补术后;(47)乳腺修补术后;(48)免疫功能轻度减退;(49)慢性轻度磷中毒;(50)工业性氟病 I 期;(51)煤矿井下工人滑囊炎;(52)减压性骨坏死 I 期;(53)一度牙酸蚀病;(54)职业性皮肤病久治不愈。

根据《工伤保险条例》第 37 条规定,职工因工致残被鉴定为七级至十级伤残的,享受以下待遇:

(1)一次性伤残补助金。从工伤保险基金支付一次性伤残补助金,①七级伤残待遇标准为 13 个月的本人工资,计算公式为:七级伤残补助金 = 本人工资×13 个月;②八级伤残待遇标准为 11 个月的本人工资。计算公式为:八级伤残补助金 = 本人工资×11 个月;③九级伤残待遇标准为 9 个月的本人工资。计算公式为:九级伤残补助金 = 本人工资×9 个月;④十级伤残待遇标准为 7 个月的本人工资。计算公式为:

十级伤残补助金 = 本人工资 × 7 个月。

（2）一次性工伤医疗补助金和一次性伤残就业补助金。劳动、聘用合同期满终止，或者职工本人提出解除劳动、聘用合同的，由工伤保险基金支付一次性工伤医疗补助金，由用人单位支付一次性伤残就业补助金。一次性工伤医疗补助金和一次性伤残就业补助金的具体标准由省、自治区、直辖市人民政府规定。

专家支招：

本案中，副某伤残程度被鉴定为七级，应享受的待遇为：（1）总计为13 个月本人工资的一次性伤残补助金；（2）副某提出解除劳动合同或者劳动合同期满的，有权获得一次性工伤医疗补助金和一次性伤残就业补助金。

本人工资是指工伤职工因工作遭受事故伤害或者患职业病前 12个月平均月缴费工资。本人工资高于统筹地区职工平均工资 300%的，按照统筹地区职工平均工资的 300%计算；本人工资低于统筹地区职工平均工资 60%的，按照统筹地区职工平均工资的 60%计算。

52.在非法用工单位工作发生伤亡事故能否获得赔偿？

案例：

某煤矿由于不符合国家安全生产规定，被有关部门关停。但矿主利益熏心，违法开工生产。吴某等当地农民应招做采煤工。在一次采煤作业中，井下突然发生塌方事故。升井过程中，吴某头部被落下的物体砸伤，当场昏迷。吴某被工友们带离矿井，送往医院抢救。医院检查诊断，吴某头部外伤，并伴有重度脑震荡。吴某住院治疗期间，矿主支付了

3000元住院押金后,再无支付其他费用。吴某家人多次向矿主索要医疗费,均遭拒绝。问:在非法用工单位工作发生伤亡事故能否获得赔偿?

专家解析:

非法用工单位是指无营业执照或者未经依法登记、备案的单位以及被依法吊销营业执照或者撤销登记、备案的单位,或者是违反国家法律规定聘任职工的单位。非法用工单位伤亡人员是在非法用工单位受到事故伤害或者患职业病的职工,或者用人单位使用童工造成的伤残、死亡童工。根据劳动和社会保障部发布的《非法用工单位伤亡人员一次性赔偿办法》规定,非法用工单位伤亡人员可获得一次性赔偿。

一次性赔偿包括受到事故伤害或患职业病的职工或童工在治疗期间的费用和一次性赔偿金,一次性赔偿金数额应当在受到事故伤害或患职业病的职工或童工死亡或者经劳动能力鉴定后确定。职工或童工受到事故伤害或患职业病,在劳动能力鉴定之前进行治疗期间的生活费、医疗费、护理费、住院期间的伙食补助费及所需的交通费等费用,按照工伤保险条例规定的标准和范围,全部由伤残职工或童工所在单位支付。劳动能力鉴定按属地原则由单位所在地设区的市级劳动能力鉴定委员会办理。劳动能力鉴定费用由伤亡职工或者童工所在单位支付。

专家支招:

本案中,吴某在非法用工单位发生事故,具备工伤的一般特征,但由于用人单位是违法的,所以劳动关系也是不合法的,因此无需进行工伤认定而直接要求用人单位承担工伤责任,主要责任方式就是给予一次性赔偿。非法用工单位拒不支付一次性赔偿的,吴某或其亲属可以向社会保险行政部门举报。经查证属实的,社会保险行政部门应责令该非法用工单位限期改正。吴某如果就赔偿数额与非法用工单位发生争议的,可按照劳动争议处理的有关规定处理,提请劳动争议仲裁或进行诉讼。

53.职工因工死亡的赔偿项目和标准是什么？

案例：

赵某是某电器开关厂工人。一日，工厂生产车间突发大火，正在车间工作的赵某被大火烧伤。赵某立即被送往医院抢救，但由于伤势过重，于第二日死亡。赵某因工死亡后，其家属要求赔偿。问：职工因工死亡的赔偿项目和标准是什么？

专家解析：

职工因工死亡主要是指职工因工伤事故、职业中毒直接导致的死亡，经抢救治疗无效后的死亡，以及在停工留薪期内治疗中的死亡。根据《工伤保险条例》第 39 条规定，职工因工死亡，其近亲属可以从工伤保险基金获得丧葬补助金、供养亲属抚恤金、一次性工亡补助金等赔偿。

专家支招：

本案中的赵某因工死亡，其近亲属可以获得的丧葬补助金、供养亲属抚恤金、一次性工亡补助金的具体标准如下：

（1）丧葬补助金

丧葬补助金为 6 个月的统筹地区上年度职工月平均工资。计算公式为：丧葬补助金 = 统筹地区上年度职工月平均工资 × 6 个月

（2）供养亲属抚恤金

供养亲属抚恤金按照工亡职工本人生前工资的一定比例计发，但

是在初次核定时，各供养亲属的抚恤金之和不得高于工亡职工的本人工资，以后调整供养亲属抚恤金时不受此限制。计算公式为：配偶＝工伤职工生前本人工资×40%；其他亲属＝工伤职工生前本人工资×30%。孤寡老人或者孤儿每人每月在上述标准的基础上增加10%。核定的各供养亲属的抚恤金之和不应高于因工死亡职工生前的工资。

（3）一次性工亡补助金

一次性工亡补助金标准为上一年度全国城镇居民人均可支配收入的20倍。计算公式为：一次性工亡补助金＝上一年度全国城镇居民人均可支配收入×20

需要注意的是：伤残职工在停工留薪期内因工伤导致死亡的，其近亲属获得6个月的统筹地区上年度职工月平均工资作为丧葬补助金。一级至四级伤残职工在停工留薪期满后死亡的，其近亲属除获得6个月的统筹地区上年度职工月平均工资作为丧葬补助金外，还可按照上述供养亲属抚恤金的规定获得按照职工本人工资的一定比例发给的供养亲属抚恤金。

54.因公死亡职工的哪些亲属可以申请供养亲属抚恤金？

案例：

同案例53。问：因工死亡职工的哪些亲属可以申请供养亲属抚恤金？

专家解析：

根据《因工死亡职工供养亲属范围》规定，因工死亡职工的供养亲属是指该职工的配偶、子女、父母、祖父母、外祖父母、孙子女、外孙子女、兄弟姐妹。因公死亡职工的供养亲属,依靠因工死亡职工生前提供主要生活来源,并有下列情形之一的,可按规定申请供养亲属抚恤金:(1)完全丧失劳动能力的;(2)工亡职工配偶男年满60周岁、女年满55周岁的;(3)工亡职工父母男年满60周岁、女年满55周岁的;(4)工亡职工子女未满18周岁的;(5)工亡职工父母均已死亡,其祖父、外祖父年满60周岁,祖母、外祖母年满55周岁的;(6)工亡职工子女已经死亡或完全丧失劳动能力,其孙子女、外孙子女未满18周岁的;(7)工亡职工父母均已死亡或完全丧失劳动能力,其兄弟姐妹未满18周岁的。其中子女,包括婚生子女、非婚生子女、养子女和有抚养关系的继子女,其中,婚生子女、非婚生子女包括遗腹子女;父母,包括生父母、养父母和有抚养关系的继父母;兄弟姐妹,包括同父母的兄弟姐妹、同父异母或者同母异父的兄弟姐妹、养兄弟姐妹、有抚养关系的继兄弟姐妹。

领取抚恤金人员有下列情形之一的,停止享受抚恤金待遇:(1)年满18周岁且未完全丧失劳动能力的;(2)就业或参军的;(3)工亡职工配偶再婚的;(4)被他人或组织收养的;(5)死亡的;(6)被判刑收监执行期间,停止享受抚恤金待遇,但刑满释放仍符合领取抚恤金资格的,按规定的标准享受抚恤金。

专家支招:

本案中,因工死亡的赵某的亲属申请供养亲属抚恤金时,需要接受统筹地区社会保险经办机构的资格认定。统筹地区社会保险经办机构按职工因工死亡时的条件核定。赵某供养的亲属如果需要劳动能力鉴定的,由赵某生前单位所在地的设区的市级劳动能力鉴定委员会负责。

55.交通事故引起的工伤是否能同时获得交通事故赔偿和工伤待遇?

案例:

张某是一家私营养殖场的货车司机,在一次送货过程中发生车祸,导致右腿截肢,左腿严重受伤。交警处理事故时认定张某承担事故责任的 50%。由于张某所驾驶货车的车主为李某,李某赔偿了张某 4 万元现金并给张某打了张 10 万元的欠条。养殖场支付了张某一小部分医疗费用后便不再继续支付。张某及其家属多次向养殖场要求医疗费和工伤待遇,但养殖场认为张某已经获得了车主的赔偿,自己没有责任再给予张某任何赔偿和待遇。张某无奈申请仲裁。问:交通事故引起的工伤是否能同时获得交通事故赔偿和工伤待遇?

专家解析:

这个问题涉及劳动者因工伤事故遭受人身伤害时,其民事损害赔偿与工伤保险补偿关系的问题。符合工伤保险条例规定的工伤事故,工伤职工有权请求工伤保险赔偿。对于由于道路交通事故导致的损害后果,根据我国道路交通管理法规定,职工因交通事故死亡或者丧失劳动能力的,按照道路交通管理法规定处理后,职工所在单位还应当按照有关部门的规定给予抚恤金和劳动保险待遇。因此,交通事故中又属于工伤事故的,除了按照交通事故有关规定给予补偿外,伤亡职工所在单位还应按规定给予工伤待遇。

专家支招:

本案中,张某的工伤事故是由于交通事故造成的,虽然获得了交通事故赔偿,但由于张某是在工作中受伤,还应当按照工伤保险条例规定享受工伤待遇。应当注意的是,法律并不限制工伤职工同时获得多种赔偿,依据对受害人损失完全赔偿的原则,受害人对于侵权法上的损害赔偿与社会强制保险可以同时请求,但是所获赔偿的总额不能超出其所受损失的总额。

56.职工因工伤事故遭受人身损害的是否可以请求用人单位人身损害赔偿和精神损害赔偿?

案例:

杜某是某公司司机,工作中驾驶公司车辆时发生车祸,致颈椎损伤伴颈脊髓完全性损伤,右侧第8-12肋骨骨折。杜某在医院治疗期间,做了颈椎减压加钢板内固定手术。进入康复阶段后,杜某能坐轮椅,在辅助器械的帮助下能自己吃饭、刷牙,但大小便失禁、双上肢肌力差、双下肢瘫痪。经公司申请,劳动能力鉴定委员会鉴定陆某为一级伤残。受伤后,杜某及其家人都十分痛苦,认为用人单位应当承担赔偿责任,于是向当地人民法院提起民事诉讼,请求人身损害赔偿及精神损害赔偿。问:职工因工伤事故遭受人身损害,是否可以请求用人单位给予人身损害赔偿和精神损害赔偿?

专家解析:

人身损害赔偿是因生命、健康、身体遭受侵害的受害人及其近亲属享有的,请求赔偿义务人赔偿财产损失和精神损害的权利。《最高人民法院关于审理人身损害赔偿案件适用法律若干问题的解释》(以下简称《人身损害赔偿解释》)第12条的规定:"依法应当参加工伤保险统筹的用人单位的劳动者,因工伤事故遭受人身损害,劳动者或者其近亲属向人民法院起诉请求用人单位承担民事赔偿责任的,告知其按《工伤保险条例》的规定处理。"这一规定表明,职工因工伤事故遭受工伤人身损害的,应当按照国务院制定的《工伤保险条例》的相关规定请求工伤保险赔偿,享受相应的工伤保险待遇,而不能直接对用人单位提起人身损害赔偿的民事诉讼。也就是说,工伤保险赔偿是用人单位为其职工建立工伤保险关系,一旦发生工伤事故则由保险机构对受害人予以赔偿,用人单位不再承担工伤事故的民事赔偿责任。

精神损害赔偿是指自然人因其人身权受到不法侵害,使其人格权益和身份利益受到损害或遭受精神痛苦,受害人本人或死者近亲属要求侵权人通过财产赔偿等方法进行救济和保护的民事法律制度。精神损害赔偿的法律性质是财产赔偿责任,具有填补、抚慰、惩罚的功能。由于工伤保险待遇与精神损害抚慰金的法律性质和功能不同,对工伤事故损害赔偿案件不能主张精神损害抚慰金,应按照《工伤保险条例》的相关规定享受相应的工伤保险待遇。

专家支招:

本案中,工伤职工杜某无权请求用人单位给予人身损害赔偿和精神损害赔偿,而只能按照工伤保险条例的规定,享受工伤保险待遇。

 57.工伤争议有哪些种类?

案例:

张某因公致残,被认定为工伤。之后,张某向劳动能力鉴定机构申请劳动能力鉴定,鉴定结论为伤残等级九级。张某对鉴定结论的结果不服,并与劳动能力鉴定机构发生争议。张某寻求解决争议方法时,被告知自己与劳动能力鉴定机构的争议属于工伤争议中的行政争议。问:工伤争议有哪些种类?

专家解析:

工伤争议也称工伤纠纷,是指劳动法律关系双方当事人即劳动者和用人单位在执行劳动法律、法规过程中就工伤待遇所产生的劳动争议以及劳动者和用人单位与工伤保险管理机构因工伤认定、工伤保险待遇等所产生的行政争议。

工伤争议包括工伤劳动争议和工伤行政争议两种。职工与用人单位之间因工伤发生的劳动争议,即工伤待遇方面的争议。职工和用人单位与工伤保险管理机构之间因工伤发生的行政争议,主要是指申请工伤认定的职工或者其直系亲属、该职工所在单位不服工伤认定结论而发生的争议;用人单位不服经办机构确定的单位缴费费率而发生的争议;签订服务协议的医疗机构、辅助器具配置机构认为经办机构未履行有关协议或者规定而发生的争议;工伤职工或者其直系亲属对经办机构核定的工伤保险待遇有异议而发生的争议;劳动者因请求社会保险经办机构发放社会保险金而发生的争议;劳动者对劳动能力鉴定委员会的伤残鉴定结论或者对职业病诊断鉴定委员会的职业病诊断鉴定结论的异议争议,等等。根据《工伤保险条例》第54条、第55条规定,职工与用人单位发生工伤待遇方面的争议,按照处理劳动争议的有关规定处理;职工和用人单位与工伤保险管理机构发生的工伤争议,有关单位或者个人可以依法申请行政复议,也可以依法向人民法院提起行政诉讼。

专家支招:

本案中张某与劳动能力鉴定机构之间的争议属于工伤劳动争议。

对于争议的解决,张某可以依法申请行政复议,也可以依法向人民法院提起行政诉讼。

 ## 58.工伤劳动争议应当通过哪些途径解决?

案例:

某公司司机陆某驾驶公司轿车发生车祸,致颈椎损伤伴颈脊髓完全性损伤,右侧第 8-12 肋骨骨折。陆某被送往医院治疗,作了颈椎减压加钢板内固定手术。康复阶段中,陆某只能坐轮椅,大小便失禁,双上肢肌力差,双下肢瘫痪。经公司申请,劳动能力鉴定委员会鉴定陆某为一级伤残。陆某向公司要求一次性赔偿人民币 108 万元(医疗期内费用 81 万,医疗期后工伤补贴 27 万)。由于双方不能协商一次性解决工伤补偿费用,陆某到劳动争议仲裁委员会申请仲裁,仲裁的结果为公司除已经支付的医疗费以外,还要支付一次性伤残补偿金和一次性生活、医疗补助金,共计 12 万元。陆某不服仲裁结果,向人民法院提起诉讼。法院判令公司在医疗期结束后,支付一次性伤残补助金为 24 个月的陆某负伤前本市上年度职工月平均工资,并每月支付伤残抚恤金和护理费,伤残抚恤金以陆某负伤前本市上年度职工月平均工资的 90%为计发基数,护理费以本市上年度职工月平均工资 50%为计发基数。问:工伤劳动争议可以通过哪些途径解决?

专家解析:

职工与用人单位之间发生的工伤待遇方面的争议,在性质上属于劳动争议,适用解决劳动争议的有关规定。工伤劳动争议是指因用人单位是否按照《工伤保险条例》规定的待遇项目和标准,向职工发放工伤待遇而发生的争议。如,已参加工伤保险的用人单位或应按照规定参加工伤保险而未参加工伤保险的用人单位,没有按照规定向工伤职工提供待遇,工伤职工提出异议而产生的争议;工伤职工与用人单位就应该执行工伤保险条例规定的哪项待遇和标准产生的争议,等等。

无营业执照或者未经依法登记、备案的单位以及被依法吊销营业执照或者撤销登记、备案的单位的职工受到事故伤害或者患职业病,伤残职工或者死亡职工的近亲属就赔偿数额与单位发生的争议,以及用人单位使用童工造成童工伤残、死亡,童工或者童工的近亲属就赔偿数额与单位发生的争议,也属于劳动争议,按照处理劳动争议的有关规定处理。

家支招:

我国目前工伤劳动争议的处理实行"一调一裁两审"制度,即发生工伤劳动争议后,当事人除先行进行协商外,可以申请调解;调解不成或不愿意调解的,当事人可以向劳动争议仲裁委员会申请仲裁;对仲裁裁决不服的,可以向人民法院提起诉讼,其诉讼程序按照民事诉讼法的规定,实行"两审终审制"。"一调一裁两审"制度将仲裁作为诉讼的一个前置程序,未经仲裁的,当事人不得向人民法院提起诉讼。同时,为了快速处理工伤劳动争议,劳动争议调解仲裁法对现行劳动争议处理"一调一裁两审"体制进行了重大改革,对涉及金额不大的追索经济补偿或者赔偿金的争议,以及工伤保险等方面发生的争议,实行一裁终局制度,即劳动争议仲裁委员会的裁决为终局裁决,劳动争议终止于仲裁环节。

《中华人民共和国劳动法》(以下简称《劳动法》)第77条规定:"用人单位与劳动者发生劳动争议,当事人可与依法申请调解、仲裁、提起诉讼,也可以协商解决。调解原则适用于仲裁和诉讼程序。"根据这一规

定,解决工伤劳动争议的途径主要有:

(1)当事人协商和解。协商和解是指发生工伤劳动争议的劳动者和用人单位通过自行协商,或者劳动者请工会或者其他第三方共同与用人单位进行协商,自愿达成协议,及时解决争议的一种活动。对此,《中华人民共和国劳动争议调解仲裁法》(以下简称《劳动争议调解仲裁法》)第 4 条规定:"发生劳动争议,劳动者可以与用人单位协商,也可以请工会或者第三方共同与用人单位协商,达成和解协议。"根据劳动争议当事人的意愿,双方相互协商解决争议,是争议双方采取自治方式解决纠纷的有效途径。但协商不是解决工伤劳动争议的法定必经程序。

(2)向劳动行政部门投诉。根据《劳动争议调解仲裁法》第 9 条规定,用人单位违反国家规定,拖欠工伤医疗费、经济补偿或者赔偿金的,劳动者可以向劳动行政部门投诉,劳动行政部门应当依法处理。劳动争议调解组织、劳动争议仲裁委员会在受理工伤劳动争议时,如果发现案件属于用人单位违反国家规定,拖欠工伤医疗费、经济补偿或者赔偿金的,可以建议劳动者直接向劳动行政部门进行投诉。劳动者如果不愿意投诉坚持调解或者仲裁的,劳动争议调解组织、劳动争议仲裁委员会应当依法予以受理,不得推诿。

(3)申请调解组织调解。《劳动争议调解仲裁法》第 5 条规定:"发生劳动争议,当事人不愿协商、协商不成或者达成和解协议后不履行的,可以向调解组织申请调解"。用人单位与劳动者发生工伤劳动争议,当事人可以向本单位劳动争议调解委员会申请调解。用人单位调解委员会对用人单位和劳动者之间发生的工伤劳动争议,以民主协商的方式促使双方当事人达成协议,解决争议。这种方式适用于用人单位内的工伤劳动争议。

(4)申请劳动争议仲裁委员会仲裁。仲裁是由劳动争议仲裁委员会对用人单位与劳动者之间发生的工伤争议,在查明事实,明确是非,分清责任的基础上,依法作出裁决的活动。劳动争议仲裁委员会仲裁是当事人向人民法院提起诉讼解决劳动争议前的一个必经程序,其生效裁决具有国家强制力。《劳动争议调解仲裁法》第5条规定:"发生劳动争议,当事人不愿协商、协商不成或者达成和解协议后不履行的,可以向调解组织申请调解;不愿调解、调解不成或者达成调解协议后不履行的,可以向劳动争议仲裁委员会申请仲裁。"工伤劳动争议发生后,当事人不愿调解或用人单位没有调解委员会或经调解委员会调解不成的,当事人可以申请劳动争议仲裁委员会仲裁,也可以不经调解直接向仲裁委员会申请仲裁。

(5)请求人民法院审判解决。诉讼是解决工伤劳动争议的最终程序。《劳动争议调解仲裁法》第5条规定:"发生劳动争议,当事人不愿协商、协商不成或者达成和解协议后不履行的,可以向调解组织申请调解;不愿调解、调解不成或者达成调解协议后不履行的,可以向劳动争议仲裁委员会申请仲裁;对仲裁裁决不服的,除本法另有规定的外,可以向人民法院提起诉讼。"当事人不服劳动争议仲裁委员会的裁决,可以在收到裁决书后的15日内,向人民法院提起诉讼。

59.工伤劳动争议当事人是否可以委托代理人进行调解、仲裁或者诉讼活动?

案例:

同案例58。工伤劳动争议当事人在调解、仲裁和诉讼活动中是否可以委托代理人?

专家解析:

工伤劳动争议当事人不能亲自进行调解、仲裁或诉讼活动的,双方都可以委托代理人代理进行。代理人包括法定代理人和委托诉讼代理人。所谓法定代理人是指根据法律规定,代理无诉讼行为能力的当事人进行诉讼,直接行使诉讼代理权的人。法定代理一般适用于精神病人、未成年人和其他无诉讼行为能力的当事人,无诉讼行为能力的公民进行诉讼活动只能由其监护人为法定代理人代理其进行诉讼活动。法定代理人是全权代理,其法律地位相当于当事人,其代理权限不受限制,可以行使被代理享有的全部权利。劳动法规定,工会可以代理其会员签订集体劳务合同,参加有关劳动争议诉讼,即工会可以成为其会员的法定代理人。所谓委托诉讼代理人是指接受被代理人的授权委托代为进行诉讼活动的人。诉讼代理人以当事人的名义,在一定权限范围内,为当事人的利益进行诉讼活动。根据《中华人民共和国民事诉讼法》(以下简称《民事诉讼法》)第58条规定,当事人、法定代理人可以委托1至2人作为诉讼代理人。下列人员可以被委托为诉讼代理人:(1)律师、基层法律服务工作者;(2)当事人的近亲属或者工作人员;(3)当事人所在社区、单位以及有关社会团体推荐的公民。

专家支招:

本案中的陆某在工伤劳动争议中,无论是进行与用人单位进行调解,还是参加劳动争议仲裁,以及进行劳动争议诉讼,都可以委托代理人。陆某委托他人代理调解、仲裁或诉讼的,应当与代理人签订委托代理合同,出具授权委托书,并在授权委托书上签名或盖章。授权委托书应当载明委托事项和委托权限。委托代理人代为进行调解、仲裁或诉讼的,必须向有关机关提交授权委托书。诉讼代理人代为承认、放弃、变更诉讼请求,进行和解,提起反诉或者上诉的,必须有委托人的特别授权。诉讼代理人的权限如果变更或者解除,当事人应当书面告知人民法院,并由人民法院通知对方当事人。

60.什么是工伤劳动争议调解？

例：

张某到某金属延压厂打工，与工厂签订了劳动合同。合同中规定，职工必须严格按照操作规程安全生产，若发生意外工伤事故，工资发至当日当班，工伤事故严重致残者，一次性发给补助费5000元。张某在一次工作中因为未戴防护面具发生工伤事故，右眼受伤，虽经及时治疗，但终因伤势严重导致失明，右眼球做了摘除手术。住院治疗期间，张某向工厂借了1500元作为治疗费用。之后，张某被鉴定为伤残等级五级。张某要求工厂给予工伤全部待遇，但工厂只同意按照劳动合同规定一次性支付5000元的补助费，其中要扣除已经支付的1500元。张某不同意厂方的做法，与厂方多次协商无效，于是申请企业劳动争议调解委员会调解。问：什么是工伤劳动争议调解？

专家解析：

工伤劳动争议调解是指工伤劳动争议双方当事人自愿将工伤劳动争议提交给有关调解机构处理，调解机构在查明事实、分清是非的基础上，通过宣传法律、法规、政策和说服教育等方法，使争议双方相互谅解，达成协议，及时解决纠纷的一种活动。工伤劳动争议调解遵守自愿、合法、平等协商的原则。调解由特定的机构进行，企业可以设立劳动争议调解委员会负责调解本企业发生的劳动争议。对用人单位与劳动者因工伤保险、工伤医疗费、经济补偿或者赔偿金等发生的争议，以及法律、法规规定的其他工伤劳动争议，可以申请劳动争议调解委员会调解。

专家支招：

本案中的张某选择企业的劳动争议调解委员会对工伤争议进行调解，不失为解决与用人单位工伤劳动争议纠纷的一种好方法。但应当注意的是：工伤劳动争议调解应当以国家劳动法律、法规、规章和政策以及社会公德为依据，对双方当事人进行说服教育，促使他们互谅互让，通过协商自愿达成协议，其本质功能在于促使当事人达成合意，具有程序的便利性和处理的灵活性、合理性特点。调解不是处理工伤劳动争议的必经程序，当事人自愿是劳动争议调解的重要原则。工伤劳动争议发生后，双方当事人如果无法自行协商和解的，可以请求调解组织进行调解。申请调解应当出于双方当事人的共同自愿，一方当事人已经向人民法院起诉的，以及一方要求调解另一方不同意调解的，调解组织对调解申请不予受理。双方当事人接受调解自愿达成协议的，调解组织应当制作调解协议书。调解协议书应当反映双方当事人共同意愿，调解组织不得强迫当事人达成协议。双方当事人应当承担自愿履行调解协议书的义务，由于调解协议书不具有法律强制力，一方当事人不履行的，对方当事人不能就此请求人民法院强制执行，但可以采用其他方式来解决劳动争议。

61.如何申请工伤劳动争议调解？

案例：

史某是某化工厂的合同制工人，生产中因工伤事故导致伤残。史某要求化工厂给予工伤待遇,但化工厂以史某是合同工为由,只同意支付部分医疗费用,而不愿承担其他责任。双方协商无果,同意申请工伤劳动争议调解。问:如何申请工伤劳动争议调解?

专家解析:

工伤劳动争议发生后,双方当事人如果无法自行协商和解的,可以请求调解组织进行调解。工伤劳动争议调解的本质功能在于促使当事人达成合意,具有程序的便利性、处理的灵活性和合理性的特点。工伤劳动争议调解的前提是当事人提出调解申请。

专家支招:

本案中,史某和化工厂作为工伤争议当事人,提出工伤劳动争议调解申请应当按照以下要求进行:

(1)史某和化工厂作为当事人都有权在工伤劳动争议发生后的30日内,向本单位的劳动争议调解委员会提出调解申请。

(2)史某和化工厂申请劳动争议调解,可以提出书面申请,也可以提出口头申请。调解是一种比较灵活的处理劳动争议的形式,法律不要求有严格的申请方式,当事人可以以书面和口头的方式提出申请。其中,书面申请是当事人采取书写调解申请书的方式提出劳动争议调解申请。劳动争议调解申请书应当具备以下内容:①申请人的姓名、住址、身份证号或者其他身份证件号码、联系方式;②被申请人的名称、住所、法定代表人或者主要负责人的姓名、职务等;③申请人的调解请求;④发生争议的事实和理由。当事人提出调解申请时,应当就自己的主张向劳动争议调解组织提交有关证据。

口头申请是当事人无需提交劳动争议书面申请,而是以口头的方式向劳动争议调解组织提出调解申请。当事人提出口头申请的,调解组织应当当场记录以下内容:①申请人和被申请人的基本情况。包括申请人的姓名、住址、身份证号或者其他身份证件号码、联系方式;被申请人的名称、住所、法定代表人或者主要负责人的姓名、职务等。②申请调解的争议事项及理由。③申请时间。由于自劳动争议调解组织收到申请之日起15日内未达成调解协议的,当事人可以依法申请仲裁,因此,口头申请需要记录申请时间,作为调解组织收到调解申请的时间依据。

62.工伤劳动争议按照怎样的程序进行调解?

案例:

　　某材料厂工人陈某工作中违反操作规程,导致左手手臂被压伤。陈某被诊断为左手毁损伤并行截肢术,材料厂为陈某支付了5000元的医疗费。陈某出院后,要求材料厂支付住院期间的其余医疗费10000元,享受工伤待遇。材料厂由于没有为陈某办理工伤保险,于是以陈某违反操作规程,本身存在过错为由,只同意给予3000元的补偿。双方多次协商未果,共同请求企业劳动争议调解委员会调解。企业劳动争议调解委员会对这一工伤争议进行了调解。问:工伤劳动争议按照怎样的程序进行调解?

专家解析:

　　工伤劳动争议当事人提出调解申请后,劳动争议仲裁委员会应当按照以下程序对工伤劳动争议进行调解:

　　(1)受理

　　劳动争议调解委员会收到工伤争议当事人的申请后,应当对调解事项进行分析审查,决定是否受理。审查的内容主要有:①当事人是否为劳动争议的主体;②当事人的申请是否符合本调解委员会的受案范围;③对方当事人是否同意调解;④申请调解的案件是否属于劳动争议;申请调解的案件是否超过了法定时效;⑤申请调解的事实和理由是否充分;⑥有无明确的调解理由等。符合上述条件的,决定予以调解,劳动争议调解委员会应当在接到劳动争议调解申请后的4日内作出受理或不予受理的决定,并送达当事人双方。不符合受理条件的,告知当事人并说明理由。

（2）调解前的准备

劳动争议调解委员会调解前应当做好以下准备工作:①审查申请书的内容,对遗漏、欠缺的当事人予以补充。②进行调查。调解委员会应当及时向当事人、纠纷涉及到的有关单位和人员进行调查,弄清事实真相,分析纠纷的关键所在,掌握充足的证据,明确当事人的责任。③拟订调解协议。协议的制定要根据劳动纠纷的类型、纠纷的焦点以及双方的责任。④确定调解的时间、地点和方法,并告知当事人。⑤调解委员会成员有下列情形之一的, 双方当事人都有权以口头或书面的形式申请其回避:是劳动争议当事人或者是当事人的近亲属的;与劳动争议有利害关系的;与劳动争议当事人有其他关系,可能影响公正调解的。调解委员会对回避申请应及时作出决定,并以口头或书面形式通知当事人。调解委员会的回避由调解委员会主任决定,调解委员会主任的回避,由调解委员会集体研究决定。

（3）实施调解

实施调解是劳动争议调解的关键和中心环节。调解委员会按照下列程序和要求进行调解:①及时对争议事项进行全面调查核实,与双方当事人进行谈话,做好双方友好协商的思想工作。调查应制作笔录,由调查人和被调查人签名或盖章。②调解委员会主任主持召开调解会议,有关单位和个人可以参加调解会议协助调解。调解会议开始后,由记录人员先向会议主持人报告到会人员情况;调解委员会主任宣布调解的目的和纪律,以及当事人应当注意的事项;听取当事人对本案事实的陈述,以及有关证人的证言;公布调解委员会调查核实的情况和调查意见;当事人对调解委员会公布的情况和意见发表看法,并在此基础上进行协商;对各种调解意见以及最后达成的协议,调解委员会应当记录存档。

（4）制作调解协议书

经调解达成协议的,制作调解协议书,双方当事人应当自觉履行。协议书应当写明双方当事人的姓名(单位、法定代表人)、职务、争议事项、调解结果以及其他应当说明的事项。调解委员会主任以及双方当事人应当在调解书上签名或盖章,并加盖调解委员会印章。调解协议书一式3份,争议双方当事人和调解委员会各执1份。调解应当在自当事人提出调解申请之日起30日内结束。到期未结束的,视为调解不成。调解不成的,应当记录,并在调解意见书上说明情况,由调解委员会主任签名、盖章,并加盖调解委员会公章。调解意见书一式3份,争议双方当事人、调解委员会各执1份。调解不成的,当事人可以直接向劳动争议仲裁委员会申请仲裁。调解协议书达成后,双方当事人应遵守执行,同时,劳动争议调解委员会可检查和督促当事人执行。

专家支招：

本案中的工伤劳动争议当事人应当注意,调解的目的是为了利用灵活简便的机制,促成当事人达成协议,及时解决工伤劳动争议。由于调解不是解决工伤劳动争议的必经程序,更不是唯一程序,因此,为了防止工伤劳动争议调解组织久调不决,自劳动争议调解组织收到工伤劳动争议调解申请之日起15日内,双方当事人未达成调解协议的,可以依法向劳动争议仲裁委员会申请工伤劳动争议仲裁。也就是说,劳动争议调解组织的调解期限为15日,在15日内双方当事人未达成协议的,不再继续调解,视为不能达成协议,当事人任何一方都可以向劳动争议仲裁委员会申请仲裁。

63.工伤劳动争议调解协议的效力如何？一方当事人不履行调解协议怎么办？

案例：

同案例 62。企业劳动争议调解委员会对陈某与材料厂的工伤保险纠纷进行调解，双方当事人在自愿的基础上经协商达成调解协议。企业劳动争议调解委员会制作调解协议书，并送达双方当事人。但是，材料厂收到调解书后，在协议约定的期限内不履行调解协议。问：工伤劳动争议调解协议的效力如何？一方当事人不履行调解协议怎么办？

专家解析：

《劳动争议调解仲裁法》规定，调解协议书由双方当事人签名或者盖章，经调解员签名并加盖调解组织印章后生效，对双方当事人具有约束力，当事人应当履行。这一规定表明，劳动争议调解协议书由当事人自觉履行。劳动争议调解协议书由双方当事人签名或盖章并经调解员签名并加盖调解组织印章后生效。生效的调解协议书对双方当事人具有约束力，当事人应当自觉履行。根据最高人民法院发布的《关于审理涉及人民调解协议的民事案件的若干规定》第 1 条规定，经人民调解委员会调解达成的、有民事权利义务内容，并由双方当事人签字或者盖章的调解协议，具有民事合同性质。当事人应当按照约定履行自己的义务，不得擅自变更或者解除调解协议。因此，当事人在劳动争议调解委员会主持下达成的具有劳动权利义务内容的调解协议，具有劳动合同的性质，在没有其他证据证明调解协议无效或可撤销的情况下，可以作为劳动争议仲裁委员会和人民法院裁决劳动争议案件的重要依据。

劳动争议调解协议不具有强制执行的效力。劳动争议调解协议虽然对双方当事人具有约束力,当事人应当履行,但不具有最终法律约束力,因此,当事人不得将劳动争议调解书作为申请强制执行的依据。一方当事人在协议约定期限内不履行调解协议的,另一方当事人可以依法申请仲裁。但具有债权内容的劳动争议调解协议,公证机关依法赋予强制执行效力的,债权人可以向被执行人住所地或者被执行人的财产所在地人民法院申请执行。

专家支招:

本案系因拖欠工伤医疗费、经济补偿等事项达成调解协议,材料厂在协议约定期限内不履行调解协议的,陈某可以:(1)持调解协议书依法向人民法院申请支付令,人民法院应当依法发出支付令;(2)向劳动争议仲裁组织申请工伤劳动争议仲裁。对履行劳动争议调解协议的具体期限,劳动争议调解仲裁法未作具体规定,当事人可以在调解协议中约定,并以此作为确定申请工伤劳动争议仲裁的具体时间。

64.什么是支付令程序? 申请支付令应当 符合哪些要件?

案例:

工伤职工冯某与用人单位就工伤医疗费发生争议,双方申请企业劳动争议调解委员会进行调解。经协商双方达成一致,约定调解协议书生效后 15 日内,用人单位向冯某支付医疗期间的医疗费 2700 元。然而,调解协议书生效后,用人单位逾期无正当理由拒不支付医疗费。于是冯某根据劳动争议调解委员会作出的调解协议书向人民法院申请支付令。问：什么是支付令？申请支付令应当符合哪些条件？

专家解析：

支付令程序又称督促程序，是民事诉讼法规定的一种法律制度，是指人民法院根据债权人的申请，以支付令催促债务人限期履行金钱债务的程序。支付令程序是一种督促债务人偿还债务的简洁程序，专门用于解决债权债务关系明确而债务人无正当理由不偿还债务的非讼案件。

支付令具有如下法律效力：(1)拘束力。拘束力是指支付令一经作出，法院原则上不得任意撤销或者变更支付令。但支付令中有明显的技术上或者形式上错误的，法院可以裁定更正。对于违法或者错误的支付令，可以通过债务人异议或者法院裁定撤销等途径使其失效。(2)督促力。督促力是指支付令具有督促债务人法定期限内清偿债务或者提出异议的效力。根据《民事诉讼法》第216条第2款规定，债务人应当自收到支付令之日起15日内清偿债务，或者向人民法院提出书面异议。可见，用人单位应当自收到支付令之日起15日内，或者按照支付令的要求向劳动者支付拖欠的劳动报酬、工伤医疗费、经济补偿或者赔偿金等，或者向人民法院提出书面异议。(3)确定力。确定力是指支付令一经作出即具有形式确定力，不得提起上诉。债务人自收到支付令之日起15日内不提出书面异议或者异议被驳回的，支付令才具有实质确定力，即债权人和债务人就支付令所确定的债权债务关系不得提起诉讼。可见，用人单位如果收到人民法院发出的支付令后提出书面异议且异议成立的，人民法院应当裁定终结督促程序，支付令自行失效，劳动者可以向人民法院提起诉讼，也可以向劳动争议仲裁委员会申请仲裁。(4)执行力。支付令的执行力是附条件的，债务人若在法定期限内对支付令不提出异议或者异议被驳回的，则支付令具有执行力。支付令要具有执行力必须满足"债务人自收到支付令之日起15日内不提出书面异议或者异议被驳回"这一条件。可见，用人单位在收到人民法院发出的支付令之日起 15 日内不提出书面异议，又不履行支付令的，劳动者可以向人民法院申请执行，人民法院应当按照民事诉讼法规定的执行程序强制执行。

向人民法院发出支付令申请，应当具备以下申请支付令的要件：(1)符合支付令程序的适用范围，即劳动者应当是请求用人单位给付金钱、有价证券的案件。(2)必须具备支付令程序的适用条件，即债务已到履行期，并且劳动者与用人单位没有其他债务纠纷。(3)必须向有管辖权的人民法院提出书面申请，即劳动者应当向用人单位住所地或者经常居住地的基层人民法院提出申请。如果共同债务人住所地或者经常居住地不在同一基层人民法院辖区的，债权人可以向其中任何一个人民法院申请支付令。如果债权人向两个以上人民法院申请支付令的，由最先立案的人民法院管辖。(4)依法交纳申请费。债务人对支付令未提出异议的，申请费由债务人承担。债务人对支付令提出异议致使督促程序终结的申请费由申请人负担申请人另行起诉的，可以将申请费列入诉讼请求。

专家支招：

本案中，工伤职工冯某与用人单位因工伤医疗期间医疗费发生争议，其向人民法院申请支付令的依据是企业劳动争议调解委员会制作的调解协议书。《劳动争议调解仲裁法》第 16 条规定："因支付拖欠劳动报酬、工伤医疗费、经济补偿或者赔偿金事项达成调解协议，用人单位在协议约定期限内不履行的，劳动者可以持调解协议书依法向人民法院申请支付令。人民法院应当依法发出支付令。"可见，劳动者与用人单位达成劳动争议调解协议的，用人单位应当在约定的期限内履行协议，如果用人单位不履行协议的，劳动者可以依据因以下内容达成的调解协议向人民法院申请支付令：(1)因支付劳动报酬达成的调解协议；(2)因支付工伤医疗费达成的调解协议；(3)因支付经济补偿达成的调解协议；(4)因支付赔偿金达成的调解协议。

65.人民法院对支付令申请如何处理?

案例:

张某因工伤医疗费问题与用人单位发生争议。该争议经企业劳动争议调解委员会调解后,双方达成调解协议,约定用人单位在收到调解协议书后 10 日内向张某支付工伤医疗费 5000 元。由于用人单位逾期不履行调解协议,张某依据调解协议向人民法院申请支付令,要求用人单位给付医疗费,并承担不履行调解协议的违约金和赔偿金,共计 3000 元。对张某的支付令申请,人民法院裁定予以驳回,理由是工伤劳动争议调解书中没有预期给付违约金和赔偿金的约定。问:人民法院对支付令申请如何处理?

专家解析:

根据《民事诉讼法》第 215 条规定,劳动者提出支付令申请后,人民法院应当在 5 日内就申请是否符合法定要件进行审查, 并决定是否受理。对符合申请要件的,人民法院决定受理,并应当立即通知劳动者。对不符合申请要件的,应当酌定期间命申请人补正。劳动者若无正当理由不按期补正或者补正后仍不合法的,则不予受理。管辖不合法的,人民法院应当告知劳动者向有管辖权的人民法院申请,如果已经受理的,应当移送管辖。申请人如果不依法预交申请费的,按撤回申请处理,但依法获准缓交、减交或免交的除外。

人民法院受理支付令申请后,分别作如下处理:发出支付令;裁定驳回支付令申请;裁定终止支付令程序。

(1)人民法院受理支付令申请后,经过审理认为劳动者提出的支付令申请符合支付令程序的适用范围和适用条件, 具备发出支付令要件的,应当在受理之日起 15 日内向用人单位发出支付令。支付令应当及时送达劳动者和用人单位。送达用人单位后,人民法院还应当通知劳动者支付令送达用人单位的日期,以便劳动者确定申请执行的时间。"具备发出支付令要件",主要是指债权债务关系明确、合法。所谓债权债务关系明确,是指给付金钱、有价证券的债务已经到清偿期并且数额确定,而且没有争议。所谓债权债务关系合法,是指引起债权债务关系发生的事实以及债权债务关系的内容不违反法律规定。

(2)有下列情况之一的,人民法院应当裁定驳回支付令申请:①当事人不适格的;②给付金钱或者有价证券的证明文件没有约定预期给付利息或者违约金、赔偿金,债权人要求给付利息或者违约金、赔偿金的;③债权人要求给付的金钱或者有价证券属于违法所得的;④债权人申请支付令之前或者同时向人民法院申请诉前保全的。

(3)人民法院受理决定作出前或者支付令发出前,申请人可以撤回申请,法院同意撤回的,则裁定终止支付令程序。

专家支招:

本案中,人民法院驳回张某的支付令申请,驳回裁定应当附理由,并送达债权人张某,张某对该裁定不得声明不服。由于人民法院驳回支付令申请的裁定没有确认债权是否存在和是否合法的,不具有既判力,债权人张某可以补足申请理由再次申请支付令,也可以提起诉讼或者申请仲裁。

66.什么是工伤劳动争议仲裁? 哪些情况下可以申请工伤劳动争议仲裁?

案例:

胡某系农民,经人介绍到某电子公司打工。一日操作中,胡某不慎将左手2—4指压伤,被送往医院救治,电子公司支付了全部医疗费。胡某出院后,申请认定工伤,并申请进行伤残等级鉴定。当地劳动能力鉴定机构作出了伤残九级的鉴定结论。但该电子公司一直拒绝给予胡某工伤待遇。于是,胡某向劳动争议仲裁委员会申请仲裁,要求电子公司支付九级工伤待遇,承担鉴定费用,并终止双方的劳动关系。问:什么是工伤劳动争议仲裁? 哪些情况下可以申请工伤劳动争议仲裁?

专家解析:

仲裁是指由无利害关系的第三方居中调解,对争议双方无法取得一致的问题依法做出裁决。工伤劳动争议仲裁是指劳动争议仲裁机构依据工伤劳动争议当事人的请求,根据我国劳动法律、法规和政策的有关规定,对工伤劳动争议的事实与责任做出公正判断和裁决,并对当事人均有约束力的一种劳动争议处理方法。工行劳动争议仲裁的好处是:工伤劳动争议仲裁比人民法院审理案件的期限要短,一次终局,没有上诉程序,同时,仲裁可以依照公平合理原则对争议事项做出裁决,程序上较为简易,可以使案件得到迅速审理,及时维护当事人的合法权益。劳动争议仲裁机构作出的裁决是具有法律约束力的裁决,具有强制执行性,要求当事人必须自觉、全面履行。除非依法定程序,任何人不得变更裁决,否则,应承担法律责任。如果当事人不执行裁决也不向人民法院提起诉讼的,另一方可向人民法院申请强制执行。

专家支招:

本案中的胡某与用人单位发生工伤保险待遇方面的争议,选择向劳动争议仲裁委员会申请仲裁,这是处理工伤劳动争议常见的做法。工伤职工可在以下情况选择申请仲裁:一是自劳动争议调解组织收到调解申请之日起15日内未达成调解协议的,可以依法申请仲裁。二是达成工伤劳动争议调解协议后,一方当事人在协议约定期限内不履行调解协议的,另一方当事人可以依法申请仲裁。对履行劳动争议调解协的具体期限,劳动争议调解仲裁法未作具体规定,当事人可以在调解协议中约定,并以此作为确定申请工伤劳动争议仲裁的具体时间。三是不经劳动争议调解,在劳动争议发生后,知道或者应当知道自己的权利被侵害之日起1年内直接申请仲裁。

应当注意的是,当事人申请仲裁的,既可以以原工伤劳动争议申请仲裁,也可以以达成的工伤劳动争议调解协议申请仲裁。根据最高人民法院《关于审理涉及人民调解协议的民事案件的若干规定》规定,当事人一方以原劳动争议向人民法院起诉,对方当事人以调解协议抗辩的,应当提供调解协议书。当事人一方起诉请求履行调解协议,对方当事人反驳的,有责任对反驳诉讼请求所依据的事实提供证据予以证明。当事人一方起诉请求变更或者撤销调解协议,或者请求确认调解协议无效的,有责任对自己的诉讼请求所依据的事实提供证据予以证明。原劳动争议的诉讼时效因人民调解委员会调解而中断。劳动争议调解协议被撤销或者被认定无效后,当事人以原劳动争议起诉的,诉讼时效自调解协议被撤销或者被认定无效的判决生效之日起重新计算。人民法院审理涉及劳动争议调解协议的民事案件,调解协议被人民法院已经发生法律效力的判决变更、撤销,或者被确认无效的,可以适当的方式告知当地的司法行政机关或者人民调解委员会。

 ## 67.工伤职工申请工伤劳动争议仲裁应当注意 哪些问题?

案例:

许某与某工厂签订了劳动合同。工作中,许某发生工伤事故,被认定为工伤,后又被当地劳动能力鉴定机构鉴定为八级伤残。但许某所在工厂一直拒绝给予其工伤待遇。许某向工厂所在地的劳动争议仲裁委员会申请仲裁,要求工厂支付八级工伤待遇,终止双方的劳动关系。许某为了证明自己的主张,提供了以下资料和证据:病案材料、工厂在其停工留薪期间没按规定支付工资和医疗费的证据、工伤认定书、伤残等级鉴定表。问:工伤职工申请工伤劳动争议仲裁应当注意哪些问题?

专家解析:

申请工伤劳动争议仲裁应当注意以下问题:

(1)向有管辖权的劳动争议仲裁机构提出。根据劳动争议调解仲裁法规定,劳动争议仲裁委员会负责管辖本区域内发生的工伤劳动争议。工伤劳动争议由劳动合同履行地或者用人单位所在地的劳动争议仲裁委员会管辖。工伤劳动者和用人单位分别向劳动合同履行地和用人单位所在地的劳动争议仲裁委员会申请仲裁的,由劳动合同履行地的劳动争议仲裁委员会管辖。

(2)在法定的期间内提出。①工伤自劳动争议申请调解的,调解组织收到调解申请之日起15日内未达成调解协议的,工伤劳动者即可以依法申请仲裁。②达成工伤劳动争议调解协议后,用人单位在协议约定期限内不履行调解协议的,工伤劳动者可以依法申请仲裁。对履行劳动争议调解协议的具体期限,劳动争议调解仲裁法未作具体规定,工伤劳动者与用人单位可以在调解协议中约定,并以此作为确定申请工伤劳动争议仲裁的具体时间。③不经工伤劳动争议调解的,工伤劳动者应当在知道或者应当知道自己的权利被侵害之日起1年内申请仲裁。

(3)提供必要材料。申请工伤劳动争议仲裁应当提交下列材料:①申诉人的身份证原件和复印件;被申诉人的法人注册登记资料原件。②有关证据材料复印件及证据清单,包括:劳动合同、工伤医疗费用单据、交通费单据、工伤认定书、伤残鉴定表、证人证言等。③授权委托书。工伤职工需要委托律师或者亲属办理劳动仲裁事宜的,应当同时提供授权委托书。

(4)制作劳动争议仲裁申诉书。工伤职工申请工伤劳动争议仲裁应当提交书面仲裁申请，即仲裁申诉书，并按照被申请人的人数提交副本。书写仲裁申请确有困难的，可以口头申请，由劳动争议仲裁委员会记入笔录，并告知对方当事人。

(5)工伤劳动争议仲裁不收费。劳动争议仲裁委员会的经费由财政予以保障。

专家支招：

本案中，许某申请工伤劳动争议仲裁时应当按照以上要求进行，其中应当注意的是：(1)应当提供的材料中的"被申诉人的法人注册登记资料原件"，可到企业登记的工商行政管理部门进行查询。(2)授权委托书应当写明委托人的基本情况、委托事项和委托权限。如果包括代为承认、放弃、变更仲裁请求，进行和解的，委托人必须逐项列明。(3)按照以下要求制作劳动争议仲裁申诉书：

第一部分，首部。包括：①标题。写明"劳动争议仲裁申诉书"。②争议当事人的基本情况。包括申诉人的姓名、性别、年龄、民族或国籍、用工性质、工作单位、住址、通讯地址等；被申诉人的企业名称、地址、法定代表人或者主要负责人的姓名和职务。有委托代理人的，应当写明代理人的姓名、工作单位等情况。

第二部分，正文。包括：①仲裁请求，即申诉所要达到的目的和要求（应当具体明确）；②事实和理由，应当简要说明双方建立劳动关系的时间、方式以及劳动合同的主要内容，双方争议的形成过程和争议的焦点；③主要证据及来源，即提出请求事项的主要法律依据，包括证据和证据来源、证人姓名和住所等。

第三部分，尾部。包括：申诉书提交的仲裁机构名称、申诉人姓名或名称申请时间。同时写明按被申诉人人数提交的副本份数，物证、书证件数。

附:劳动争议仲裁申诉书

劳动争议仲裁申诉书

申诉人:
委托代理人:
被申诉人:
地址:
法定代表人(或主要负责人):
请求事项
事实和理由:(包括证据和证据来源、证人姓名和住址等情况)
此致
劳动争议仲裁委员会
申诉人:(签名或盖章)

接上表：

年月日
附：1.副本份；
2.物证件；
3.书证件；

 ## 68.工伤劳动争议仲裁按照怎样的程序进行？

案例：

某区劳动争议仲裁委员会受理了工伤职工与用人单位的劳动争议仲裁申请。问：工伤劳动争议仲裁按照怎样的程序进行？

专家解析：

劳动争议仲裁委员会收到当事人的工伤劳动争议仲裁申请之日起5日内，认为符合受理条件的，应当受理，并通知申请人；认为不符合受理条件的，应当书面通知申请人不予受理，并说明理由。对劳动争议仲裁委员会不予受理或者逾期未作出决定的，申请人可就该工伤劳动争议事项向人民法院提起诉讼。劳动争议仲裁委员会受理仲裁申请后，应当在5日内将仲裁申请书副本送达被申请人。被申请人收到仲裁申请书副本后，应当在10日内向劳动争议仲裁委员会提交答辩书。劳动争议仲裁委员会收到答辩书后，应当在5日内将答辩书副本送达申请人。被申请人未提交答辩书的，不影响仲裁程序的进行。

根据劳动争议调解仲裁法规定，除当事人协议不公开进行或者涉

及国家秘密、商业秘密和个人隐私外,劳动争议仲裁公开进行。工伤劳动争议仲裁按照以下程序进行:

(1)仲裁庭应当在开庭5日前,将开庭日期、地点书面通知双方当事人。当事人有正当理由的,可以在开庭3日前请求延期开庭。是否延期,由劳动争议仲裁委员会决定。申请人收到书面通知,无正当理由拒不到庭或者未经仲裁庭同意中途退庭的,可以视为撤回仲裁申请。被申请人收到书面通知,无正当理由拒不到庭或者未经仲裁庭同意中途退庭的,可以缺席裁决。

(2)仲裁庭对专门性问题认为需要鉴定的,可以交由当事人约定的鉴定机构鉴定;当事人没有约定或者无法达成约定的,由仲裁庭指定的鉴定机构鉴定。根据当事人的请求或者仲裁庭的要求,鉴定机构应当派鉴定人参加开庭。当事人经仲裁庭许可,可以向鉴定人提问。

(3)当事人在仲裁过程中有权进行质证和辩论。质证和辩论终结时,首席仲裁员或者独任仲裁员应当征询当事人的最后意见。

(4)当事人提供的证据经查证属实的,仲裁庭应当将其作为认定事实的根据。劳动者无法提供由用人单位掌握管理的与仲裁请求有关的证据,仲裁庭可以要求用人单位在指定期限内提供。用人单位在指定期限内不提供的,应当承担不利后果。

(5)仲裁庭应当将开庭情况记入笔录。当事人和其他仲裁参加人认为对自己陈述的记录有遗漏或者差错的,有权申请补正。如果不予补正,应当记录该申请。笔录由仲裁员、记录人员、当事人和其他仲裁参加人签名或者盖章。

(6)当事人申请劳动争议仲裁后,可以自行和解。达成和解协议的,可以撤回仲裁申请。

(7)仲裁庭在作出裁决前,应当先行调解。先行调解是指仲裁委员会在仲裁裁决前,必须首先进行调解。调解是仲裁的必经程序,不经调解就不能仲裁。当然,先行调解并不是强行调解,它表明仲裁委员会在仲裁前必须先做这一工作,如果当事人拒绝调解或调解达不成协议的,不能勉强调解或强迫达成协议。只有双方当事人在共同自愿的基础上达成的调解协议,才能发生法律效力。调解达成协议的,仲裁庭应当制作调解书。调解书应当写明仲裁请求和当事人协议的结果。调解书由仲裁员签名,加盖劳动争议仲裁委员会印章,送达双方当事人。调解书经双方当事人签收后,发生法律效力。

(8)作出仲裁裁决。调解不成,或者调解书送达前一方当事人反悔的,仲裁庭应当及时作出裁决,制作仲裁裁决书。根据《劳动争议调解仲裁法》第43条第1款规定,仲裁庭裁决劳动争议案件,应当自劳动争议仲裁委员会受理仲裁申请之日起45日内结束。案情复杂需要延期的,经劳动争议仲裁委员会主任批准,可以延期并书面通知当事人,但是延长期限不得超过15日。《劳动争议调解仲裁法》第43条第2款规定:"仲裁庭裁决劳动争议案件时,其中一部分事实已经清楚,可以就该部分先行裁决。"先行裁决与最终裁决具有同样的法律效力。先行裁决是劳动争议仲裁庭行使仲裁权过程中先行作出的裁决,因此,劳动争议仲裁庭在对劳动争议事项作出最后裁决时,不得对在部分裁决中已作出裁决的劳动争议事项再作出裁决,而且最后裁决的内容也应当与先行裁决的内容保持一致,不得相互矛盾。

专家支招:

仲裁机关应当严格依照法定程序进行工伤劳动争议仲裁。仲裁当事人也应当严格依照法定程序参与仲裁,在仲裁中享有权利并承担义务。由于工伤劳动争议仲裁实行一次裁决,即仲裁委员会的第一次裁决即为终局裁决。工伤职工对仲裁裁决不服的,不得继续申请仲裁,而只能在收到仲裁裁决书之日起15日内,向人民法院提起诉讼;期满不起诉的,裁决书即发生法律效力。此外,劳动争议仲裁庭逾期未作出仲裁裁决的,工伤职工也可以就该工伤劳动争议事项向人民法院提起诉讼。通常劳动争议仲裁庭逾期未作出仲裁裁决有以下两种情况:一是案情不复杂不需要延期的案件,劳动争议仲裁庭自劳动争议仲裁委员会受理仲裁申请之日起 45 日内未作出仲裁裁决;二是案情复杂需要延期的,经劳动争议仲裁委员会主任批准,劳动争议仲裁庭自劳动争议仲裁委员会受理劳动争议仲裁申请之日起 60 日内未作出仲裁裁决。

69.工伤劳动争议案件是否可以申请先予执行?

案例:

徐某在某化工厂作仓库保管员。一日,化工厂仓库突发大火,正在点库的徐某被大火围困,身体被大面积烧伤。徐某被工友救出后,紧急送往医院救治。经抢救,徐某脱离了生命危险,但大面积的重度烧伤仍需进行多次手术。面对高额的治疗费用,化工厂只支付了前期的 3 万元。徐某及其家属多次要求化工厂继续承担医疗费用,但化工厂始终推诿。无奈,徐某向劳动争议仲裁委员会申请仲裁。由于徐某伤势严重,仍需继续治疗,为了保证医疗费能及时到位,徐某向劳动争议仲裁庭申请先予执行。问:工伤劳动争议案件是否可以申请先予执行?

专家解析:

先予执行是指劳动争议仲裁委员会在仲裁劳动争议案件过程中,因当事人一方生产或生活上的迫切需要,在作出裁决前,裁定一方当事人给付另一方当事人一定的财务,或者立即实施或停止某种行为,并立即执行的措施。裁决先予执行实际上是在劳动争议仲裁裁决确定前实现未来裁决确定的部分实体权利。根据《劳动争议调解仲裁法》第44条第1款规定,劳动争议仲裁当事人可以对追索工伤医疗费的劳动争议案件、追索经济补偿的劳动争议案件以及追索赔偿金的劳动争议案件申请先予执行。劳动者申请先予执行的,可以不提供担保。

具备下列条件时,工伤职工即可以申请仲裁庭先予执行:(1)仲裁请求具有给付内容;(2)双方当事人之间的权利义务关系明确,如果用人单位不及时履行义务,工伤职工的权利就无法保障;(3)不先予执行将严重影响工伤职工的生活,即工伤职工确实属于解决生活、生产的急需,待作出裁决、调解书后,就无法解决实际问题;(4)有先予执行的可能,即履行义务的用人单位有支付能力,如果目前用人单位不能履行义务,就不能裁决先予执行;(5)先予执行申请必须在劳动争议仲裁委员会作出裁决、调解以前提出。先予执行规定同样适用于工伤劳动争议诉讼。

专家支招:

本案中的工伤职工徐某具备申请先予执行的条件,应当向仲裁庭申请先予执行。徐某申请先予执行时,必须提出书面申请,即向仲裁机构提交先予执行申请书。化工厂有支付能力的,应当先行支付徐某的治疗费用。当然,是否先予执行,由劳动争议仲裁委员会作出裁决决定。

70.劳动者对"一裁终局"的工伤劳动争议仲裁裁决能否提起诉讼?

案例:

肖某与用人单位因工伤医疗费发生争议,申请劳动争议仲裁委员会仲裁。由于该案中争议的工伤医疗费金额较小，为当地月最低工资标准6个月的金额，劳动争议仲裁委员会仲裁委员适用简易仲裁程序作出仲裁裁决，并告知本仲裁为"一裁终局"。问：对"一裁终局"的工伤劳动争议仲裁裁决能否提起诉讼？

专家解析：

　　劳动争议仲裁实行"一裁终局"制度。所谓一裁终局是指工伤劳动争议经劳动争议仲裁庭裁决后即为终结。一裁终局仅适用于小额和标准明确的劳动争议仲裁案件。裁决书自作出之日起发生法律效力，当事人不得就同一工伤劳动争议事项再向劳动争议仲裁委员会申请仲裁或者向人民法院提起诉讼。仲裁裁决发生法律效力后，当事人应当依照规定的期限履行。《劳动争议调解仲裁法》第47条规定："下列劳动争议，除劳动争议调解仲裁法另有规定的外，仲裁裁决为终局裁决，裁决书自作出之日起发生法律效力：(1)追索劳动报酬、工伤医疗费、经济补偿或者赔偿金，不超过当地月最低工资标准12个月金额的争议；(2)因执行国家的劳动标准在工作时间、休息休假、社会保险等方面发生的争议。"同时，《劳动争议调解仲裁法》第48条规定："劳动者对本法第四十七条规定的仲裁裁决不服的，可以自收到仲裁裁决书之日起十五日内向人民法院提起诉讼。"上述规定表明：

　　(1)用人单位不得提起诉讼。因追索劳动报酬、工伤医疗费、经济补偿或者赔偿金，不超过当地月最低工资标准12个月金额引起的劳动争议，以及因执行国家的劳动标准在工作时间、休息休假、社会保险等方面发生的劳动争议，劳动争议仲裁委员会作出的仲裁裁决为终局裁决，裁决书自作出之日起发生法律效力，用人单位不服仲裁裁决书的，不得向人民法院提起诉讼，但可以申请人民法院撤销仲裁裁决。

　　(2)劳动者可以提起诉讼。工伤职工对追索工伤医疗费、经济补偿或者赔偿金，不超过当地月最低工资标准 12 个月金额仲裁裁决不服的，不受一裁终局的限制，可以向人民法院提起诉讼，人民法院应当受理。工伤职工如果在收到仲裁裁决之日起 15 日内未起诉的，仲裁裁决发生法律效力，不得再向人民法院提起诉讼，如果起诉的，人民法院不予受理。

专家支招：

　　本案中作为当事人的工伤职工肖某提起工伤劳动争议诉讼，不受"一裁终局"限制。肖某如果对仲裁裁决不服，只要在收到仲裁裁决之日起 15 内，就可以向人民法院提起诉讼。肖某一旦向人民法院起诉的，劳动争议仲裁裁决不发生法律效力。应当注意的是，劳动争议仲裁委员会如果对多个劳动者的劳动争议作出仲裁裁决后，部分劳动者对仲裁裁决不服，依法向人民法院起诉的，仲裁裁决对提出起诉的劳动者不发生法律效力；对未提出起诉的部分劳动者，发生法律效力，如其申请执行的，人民法院应当受理。

71.提起工伤劳动争议诉讼应当注意哪些问题？

案例：

　　蒋某在某工厂工作期间患上职业病，被认定为工伤，劳动能力鉴定委员会鉴定其伤残等级为九级。但蒋某所在工厂一直不给蒋某提供工伤待遇。蒋某向劳动争议仲裁委员会申请仲裁。对于仲裁委员会作出的仲裁结果，蒋某有异议，于是向人民法院提起工伤劳动争议诉讼。问：提起工伤劳动争议诉讼应当注意哪些问题？

专家解析：

工伤劳动争议诉讼是指工伤劳动争议双方当事人不服劳动争议仲裁机构的仲裁处理,在法定期限内,依法向人民法院起诉,请求人民法院按照司法程序对劳动争议案件进行审理的活动。诉讼是工伤劳动争议处理过程中的最后一个环节,也是对争议案件的最终处理。提起诉讼是当事人的一项权利。通过仲裁方式没有解决的工伤劳动争议,当事人都可以向人民法院提起诉讼,由人民法院按照司法程序审理解决。提起工伤劳动争议诉讼应当注意,工伤劳动争议诉讼适用民事诉讼程序,但并不完全等同于民事诉讼案件,同时具备以下条件的,人民法院应当受理:

(1)起诉人必须是工伤劳动争议的一方当事人,即用人单位或劳动者。起诉是与劳动争议有直接利害关系的劳动争议当事人的权利,因此,相互形成劳动法律关系的企业、国家机关、事业单位、社会团体行政和劳动者,都可以作为起诉人提起劳动争议诉讼。劳动者在诉讼权利能力和诉讼行为能力相一致时,由劳动者个人作为当事人一方参加诉讼。当事人因故不能起诉的,可以委托代理人代为起诉。其他人员则无权起诉。

(2)必须有明确的被告人。原告应当知道是谁侵犯了自己的合法权益,否则会出现无人应诉的情况,无法进行诉讼,人民法院也无从审理。根据《最高人民法院关于审理劳动争议案件诉讼当事人问题的批复》的规定,当事人不服劳动争议仲裁委员会的仲裁决定,向人民法院起诉,争议的双方仍然是企业与职工,不应把仲裁委员会列为被告。

(3)必须有具体的诉讼请求和事实、理由。具体的诉讼请求是指原告向人民法院提起诉讼所要求解决问题。当事人对自己提出的主张,有责任提供证据。

(4)必须经劳动争议仲裁机关仲裁。劳动争议仲裁是提起工伤劳动争议诉讼的前置程序。当事人一方或双方不能就工伤劳动争议直接向人民法院提起诉讼，只能在先向劳动争议仲裁机关申请仲裁后，不服仲裁裁决的，才有权起诉。如果当事人就工伤劳动争议问题在仲裁机关的主持下，达成调解协议并已发生法律效力，则当事人也无权向人民法院提起诉讼。用人单位或劳动者未经劳动争议仲裁委员会作出裁决，坚持起诉的，人民法院可以裁定不予受理，同时告知当事人应先向劳动争议仲裁委员会申请仲裁。

（5）必须在法律规定的时效期限内提起诉讼。当事人对仲裁裁决不服的，应当自收到仲裁裁决之日起 15 日内，向人民法院起诉，超过期限的，一般不予受理。如果由于不可抗力等原因造成逾期的，则应向人民法院提供证据予以说明。

（6）属于人民法院受理的工伤劳动争议诉讼的范围和受诉人民法院管辖。工伤劳动争议案件由用人单位所在地或者劳动合同履行地的基层人民法院管辖。劳动合同履行地不明确的，由用人单位所在地的基层人民法院管辖。当事人双方就同一仲裁裁决分别向有管辖权的人民法院起诉的，后受理的人民法院应当将案件移送给先受理的人民法院。

对人民法院受理的案件，应当交纳诉讼费用。

专家支招：

本案中，工伤职工王某提起工伤劳动争议诉讼时，除应当具备上述起诉的条件外，还应当向人民法院递交起诉状，并按照被告人数提出副本，同时提供证据或证据线索。书写起诉状有困难的，可以口头起诉，由人民法院记入笔录，并告知对方当事人。起诉状是诉讼原告或其法定代理人为维护自己的合法权益而向人民法院陈述纠纷事实，阐明起诉理由，提出诉讼要求的法律文书，由以下三部分内容组成：

第一部分：首部。包括：①诉状名称。写明"民事起诉状"或"行政起诉状"。②当事人的基本情况。包括原告的姓名、性别、年龄、民族、职业、工作单位、住所、联系方式,法人或者其他组织的名称、住所和法定代表人或者主要负责人的姓名、职务、联系方式;被告的姓名、性别、工作单位、住所等信息,法人或者其他组织的名称、住所等信息。如果有数个原告、被告,应按他们在案件中的地位与作用,依次说明其个人的基本情况。如果案件有第三人参加诉讼的,还应写明第三人的基本情况。

　　第二部分:正文。包括:①诉讼请求。写明原告、被告之间权益争议的性质,及请求人民法院解决的具体事项。如请求人民法院判令被告继续履行劳动合同、赔偿损失,并要求判令被告支付诉讼费等。②事实。写明双方争议的事实或被告侵权的事实,并引用法律依据来说明自己诉讼请求的合理、合法。③理由。根据劳动合同纠纷的事实和证据,简要地分析其纠纷的性质、危害、结果及责任,同时,提出诉讼请求所依据的法律条文,以论证其诉讼请求的合理性。④证据及证据来源。包括:列出和提交书证、物证和证明事实真相的其他有关材料;说明书证、物证和其他有关材料的来源及可靠程度;证人的证言内容以及证人的姓名、职业、住址等。如果原告认为证据有可能灭失或以后难以取得,可以在起诉时申请证据保全。

　　第三部分:尾部。包括:①写明致送机关和具状人姓名及具状年月日。②附项写明:本状副本的份数,物证名称及件数,书证名称及件数。
　　起诉状应当记明下列事项:

　　附:最高人民法院印发的起诉状样式

民事起诉状（行政起诉状）

原告:
被告:

诉讼请求：

事实与理由：

证据和证据来源，证人姓名和住址：

此致

×××人民法院

附：本诉状副本×份

起诉人：

×年×月×日

注:1.本诉状供提起民事、行政诉讼用,用钢笔或毛笔书写。

2.“原告”、“被告”栏,均应写明姓名、性别、出生年月日(对民事被告的出生年月日确实不知的可写其年龄)、民族、籍贯、职业或工作单位和职务、住址等项。被告是法人、组织或行政机关的,应写明其名称和所在地址。

3.“事实与理由”部分的空格不够用时,可增加中页。

4.起诉状副本份数,应按被告人的人数提交。

72.人民法院对工伤劳动争议诉讼当事人的起诉 如何处理?

例:

同案例71。如果工伤职工蒋某向人民法院提起工伤劳动争议诉讼,问:人民法院应当对起诉如何处理?

专家解析:

根据《最高人民法院关于审理劳动争议案件适用法律若干问题的解释》规定,劳动者因为工伤、职业病,请求用人单位依法承担给予工伤保险待遇的争议,经劳动争议仲裁委员会仲裁后,当事人依法起诉的,人民法院应予受理。具体情况为:

(1)劳动争议仲裁委员会以当事人申请仲裁的事项不属于劳动争议为由,作出不予受理的书面裁决、决定或者通知,当事人不服,依法向人民法院起诉的,人民法院应当分别情况予以处理:属于劳动争议案件的,应当受理;虽不属于劳动争议案件,但属于人民法院主管的其他案件,应当依法受理。

(2)劳动争议仲裁委员会根据《劳动法》第82条规定,以当事人的仲裁申请超过60日期限为由,作出不予受理的书面裁决、决定或者通知,当事人不服,依法向人民法院起诉的,人民法院应当受理;对确已超过仲裁申请期限,又无不可抗力或者其他正当理由的,依法驳回其诉讼请求。

(3)劳动争议仲裁委员会以申请仲裁的主体不适格为由,作出不予受理的书面裁决、决定或者通知,当事人不服,依法向人民法院起诉的,经审查,确属主体不适格的,裁定不予受理或者驳回起诉。

(4)劳动争议仲裁委员会仲裁的事项不属于人民法院受理的案件范围,当事人不服,依法向人民法院起诉的,裁定不予受理或者驳回起诉。

(5)劳动争议仲裁委员会为纠正原仲裁裁决错误重新作出裁决,当事人不服,依法向人民法院起诉的,人民法院应当受理。

(6)当事人不服劳动争议仲裁委员会作出的预先支付劳动者部分工资或者医疗费用的裁决,向人民法院起诉的,人民法院不予受理。用人单位不履行上述裁决中的给付义务,劳动者依法向人民法院申请强制执行的,人民法院应予受理。

人民法院受理劳动争议案件后,当事人增加诉讼请求的,如该诉讼请求与讼争的劳动争议具有不可分性,应当合并审理;如属独立的劳动争议,应当告知当事人向劳动争议仲裁委员会申请仲裁。

专家支招:

本案中,工伤劳动争议已经由劳动争议仲裁委员会作出仲裁,蒋某对仲裁裁决结果不服，只要在收到仲裁裁决之日起 15 日内向人民法院提起诉讼的，人民法院就应当受理。

73.人民法院审理第一审工伤劳动争议案件适用怎样的诉讼程序？

专家解析：

工伤劳动争议案件一审诉讼程序适用民事诉讼法的有关规定，具体为：

（1）起诉与受理

起诉是指公民、法人或者其他组织认为自己的或者依法由自己管理、支配的劳动权益受到侵害，或者与他人发生争议，而以自己的名义，请求人民法院行使审判权，以维护自己合法权益的诉讼行为。根据《劳动争议调解仲裁法》规定，当事人对仲裁裁决不服，可以在接到仲裁裁决书之日起 15 日内向有管辖权的人民法院的民事审判庭起诉。

受理是指人民法院对当事人的起诉经审查后，认为符合法定条件，决定立案审理，从而引起诉讼程序开始的诉讼行为。对于符合起诉条件的，人民法院必须受理，不得以任何理由拒绝和推诿。人民法院决定受理的案件，应当在当事人起诉的 7 日内立案。对于不符合起诉条件的，也应当在 7 日内裁定不予受理；原告对裁定不服的，可以提起上诉。

（2）准备与处理

①送达起诉状副本和答辩状副本。人民法院应当在立案之日起 5 日内将起诉状副本发送被告，被告应当在收到之日起 15 日内提出答

辩状。人民法院应当在收到答辩状之日起 5 日内将答辩状副本发送原告。被告不提出答辩状的,不影响人民法院审理。

②告知当事人权利和合议庭组成人员。人民法院对决定受理的案件,应当在受理案件通知书和应诉通知书中向当事人告知有关的诉讼权利和义务,或者口头告知。合议庭组成人员确定后,应在 3 日内告知当事人。

③认真审核诉讼材料,调查收集必要的证据。这是审理前准备工作的一项重要内容。

④对受理的案件,分别情形,予以处理:当事人没有争议,符合督促程序规定条件的,可以转入督促程序;开庭前可以调解的,采取调解方式及时解决纠纷;根据案件情况,确定适用简易程序或者普通程序;需要开庭审理的,通过要求当事人交换证据等方式,明确争议焦点。

(3)开庭审理

人民法院在讼当事人及其他诉讼参与人的参加下,依照法定形式和程序,对劳动争议案件进行审理。除涉及国家秘密、个人隐私或者法律另有规定的以外,审理一律公开进行。

①开庭 3 日前通知当事人和其他诉讼参与人。公开审理的,应当公告当事人姓名、案由和开庭的时间、地点。

②开庭审理前,书记员应当查明当事人和其他诉讼参与人是否到庭,宣布法庭纪律。开庭审理时,由审判长核对当事人,宣布案由,宣布审判人员、书记员名单,告知当事人有关的诉讼权利义务,询问当事人是否提出回避申请。

③法庭调查按照下列顺序进行:当事人陈述;告知证人的权利义

务,证人作证,宣读未到庭的证人证言;出示书证、物证、视听资料和电子数据;宣读鉴定意见;宣读勘验笔录。当事人在法庭上可以提出新的证据,经法庭许可,可以向证人、鉴定人、勘验人发问。当事人要求重新进行调查、鉴定或者勘验的,是否准许,由人民法院决定。

④法庭辩论按照下列顺序进行:原告及其诉讼代理人发言;被告及其诉讼代理人答辩;第三人及其诉讼代理人发言或者答辩;互相辩论。法庭辩论终结,由审判长按照原告、被告、第三人的先后顺序征询各方最后意见。

(4)调解与判决

①人民法院审理劳动争议案件,一般应先行调解,调解不成的,应当及时判决。

②评议与宣判。合议庭坚持民主集中制,少数服从多数的原则进行评议。评议不公开进行,评议情况由书记员制作笔录,由合议庭成员签名。评议后能当庭宣判的,可以当庭宣判,判决书应当在10日内发送当事人;不能当庭宣判的,可以定期宣判,宣判后判决书立即送发当事人。宣判一律公开进行,并告知当事人有上诉的权利,以及上诉期限和上诉法院。

74.不服人民法院第一审劳动争议判决、裁定怎么办?

案例:

李某因与用人单位发生工伤待遇争议,向当地人民法院提起劳动争议诉讼。人民法院对此案进行审理后,作出一审判决,认定用人单位给予李某工伤待遇,并支付相关费用。但李某对人民法院判决中认定的一次性补偿金数额不服。问:不服人民法院第一审判决、裁定怎么办?

专家解析:

工伤劳动争议当事人不服人民法院第一审判决、裁定的,可以提起上诉。上诉是指诉讼当事人对下级人民法院尚未发生法律效力的裁判,向上级人民法院声明不服,请求撤销或者变更该判决的诉讼行为。当事人提起上诉,能引起上一级人民法院对案件的再一次审理,可以使错误的判决和裁定得以纠正,从而维护当事人的合法权益。

根据民事诉讼法的有关规定,提起上诉应当具备以下条件:(1)上诉人必须是有权提起上诉的人。可以作为上诉人的是第一审程序中的原告、被告、共同诉讼人、诉讼代表人、有独立请求权的第三人和判决其承担民事责任的无独立请求权的第三人等。(2)当事人只能对依法允许上诉的判决或裁定提起上诉。允许上诉的判决、裁定包括地方各级人民法院适用普通程序、简易程序作出的判决以及人民法院所作的不予受理、对管辖有异议、驳回起诉的裁定等。除此之外的判决、裁定均不得上诉。(3)当事人不服人民法院第一审判决的,应当自收到判决书之日起 15 日内提起上诉;不服人民法院第一审裁定的,应当自收到裁定书之日起 10 日内提起上诉。当事人可以以口头或书面的方式提出上诉。

对工伤劳动争议上诉案件,人民法院经过审理,根据案情分别作出如下处理:(1)对判决不服提起的上诉案件,双方当事人达成调解协议的,二审人民法院应当制作调解书。调解书送达当事人后,原审人民法院的判决即视为撤销。(2)原判决、裁定认定事实清楚,适用法律正确的,以判决、裁定方式驳回上诉,维持原判决、裁定。(3)原判决、裁定认定事实错误或者适用法律错误的,以判决、裁定方式依法改判、撤销或者变更。(4)原判决认定基本事实不清的,裁定撤销原判决,发回原审人民法院重审,或者查清事实后改判。(5)原判决遗漏当事人或者违法缺席判决等严重违反法定程序的,裁定撤销原判决,发回原审人民法院重审。(6)案件不属于人民法院受案范围的,裁定撤销原判决、裁定,告知当事人向有关部门申请解决。

专家支招:

本案中的李某不服人民法院的第一审判决,应当在判决书送达之日起 15 日内向上一级人民法院提起上诉。李某应当通过原审人民法院提起上诉,但对通过原审人民法院提出上诉状,若心存疑虑,或有其他原因不能通过原审法院提出上诉的,也可以直接向第二审人民法院提起上诉。但是,第二审人民法院收到上诉状后,应当在 5 日内将上诉状移交原审人民法院,由原审人民法院完成接收上诉状的任务。需要注意的是:上诉状虽通过原审人民法院提出,但第二审的审理工作是由第二审人民法院来完成的。第二审人民法院在收到全部案卷、书状和证据后,便对案件进行二审审理。

李某以书面方式提出上诉的,应当制作上诉状。上诉状的主要内容有:

(1)首部。写明上诉人、被上诉人的基本情况,包括姓名、性别、年龄、民族、籍贯、职业、工作单位、住址等。当事人是法人或其他组织的,应写明法人或其他组织的名称、法定代表人或主要负责人的姓名。同时,写明原审法院名称、案件的编号和案由。

(2)正文。正文主要包括三部分内容:①上诉请求。上诉请求应当针对不当的原判决或裁定提出,可以因原判认定事实不清,证据不确实;适用法律不当,理由不充分;诉讼程序不合法等而要求二审撤销或变更原判决或裁定。②上诉理由。主要针对一审裁判在认定事实、适用法律或一审人民法院在程序上的不当指出,论证上诉请求的合法性、合理性。③列举相关的材料、证据,以便二审法院查证核实。

(3)尾部。写明致送人民法院和具状人姓名及具状年月日。附项写明上诉状副本的份数,以及物证、书证的名称、件数等。

附:最高人民法院印发的上诉状格式

民事上诉状(行政上诉状)

上诉人:×××
被上诉人:×××
上诉人因×××××一案(写明一审判决或者裁定书所列的案由),不服××x人民法院×年×月×日(××)字第××号判决(或者裁定),现提出上诉。
上诉请求:(写明要求上诉审法院解决的事由,如撤销原判;重新判决等)

上诉理由：（写明一审判决或者裁定不正确的事实根据和法律依据）

此致

×××人民法院

附：本上诉状副本×份

上诉人：×××（签字或者盖章）

×年×月×日

75.当事人拒收的工伤劳动争议判决书、调解书能否发生法律效力？

案例：

同案例74。李某不服人民法院的一审判决，在人民法院送达判决书时拒绝接收。问：当事人拒收的判决书、调解书能否发生法律效力？

专家解析：

民事判决是人民法院受理民事案件后，经过法庭审理，根据查明和认定的案件事实，正确适用法律，以国家审判机关的名义，做出的解决案件民事实体权利争议的权威性判定。人民法院按照民事判决的内容，并依法定格式制成的书面文件，就是民事判决书。根据审判时所适用的诉讼程序不同，民事判决分为一审判决和二审判决；根据是否发生法律效力，民事判决分为生效判决和未生效判决。判决的效力是指人民法院的生效判决在法律上具有的效果。包括：(1)拘束力。判决的拘束力主要是指对作出该判决的人民法院，在同一审级内不得将其已经宣告的判决任意撤销或变更的效力。(2)执行力。判决的执行力是指判决可以作为执行根据，从而强制执行的效力。只有给付判决和有给付内容的变更判决才有执行力。(3)形成力。判决的形成力是指人民法院生效判决具有使当事人之间的原有法律关系发生变更，从而产生新的法律关系的效力。(4)确定力。判决的确定力包括形式上的确定力和实质上的确定力，前者指一旦判决确定，当事人不得通过上诉，请求人民法院撤销或变更该判决的效力；后者指判决的既判力，即人民法院所作的关于实体权利义务的判决在诉讼法上的不可争性和实体法上的基准性。

调解书是人民法院批准认可当事人对自己权利的处分的法律文书，与人民法院作出的生效的判决书具有相同的法律效力。人民法院审理工伤劳动争议案件一般应当先行调解。当事人通过调解达成协议的，人民法院应当制作调解书，调解书经双方当事人签字后发生法律效力。调解书的法律效力具体表现为：(1)在实体上，调解书能够确定当事人之间的权利义务关系，使争议中的法律关系恢复到确定状态，各方当事人应当依照调解书履行义务或者行使权利。(2)在程序上，调解书能够结束诉讼，当事人不得以同一事实和理由再行起诉。(3)调解书生效后具有强制执行效力，如果义务方拒绝履行调解书中规定的义务，权利方有权请求人民法院强制执行。(4)当事人不得对调解书提起上诉。人民法院制作的调解书必须经双方当事人签收后才发生法律效力。调解书直接送达双方当事人后，如果一方或双方拒绝签收的，调解书无效，调解不能成立，人民法院应当对案件及时进行审理。

专家支招：

本案中，李某如果对一审判决不服，拒绝接收判决书的，有权在15日内向上级人民法院提起上诉，如果逾期既不上诉又不接受判决的，不影响判决发生法律效力。终审判决一经宣告或送达，立即发生法律效力，李某拒绝接受也不影响其发生法律效力。

调解书则不同。调解书经当事人签收后，即具有法律效力。当事人一方拒绝签收调解书的，调解书不发生法律效力。当事人拒收调解书的，人民法院应当通知对方当事人，并及时作出判决。

76.不服已经生效的工伤劳动争议判决、裁定怎么办?

案例:

富某与用人单位因工伤保险待遇发生争议,向人民法院提起诉讼。人民法院依法作出判决后,双方当事人都没有在法定的期限内提起上诉,判决发生法律效力。但是,富某对判决不服。问:不服已经生效的工伤劳动争议判决、裁定怎么办?

专家解析:

工伤劳动争议诉讼当事人不服人民法院作出的已经发生法律效力的判决、裁定的,可以向人民法院提出再审申请,或者向人民检察院提出申诉。但提出再审申请或申诉期间,当事人必须执行已生效的判决、裁定。

(1)向人民法院申请再审

工伤劳动争议诉讼当事人对人民法院作出的已经发生法律效力的判决、裁定、调解书,可以向人民法院提出再审申请。当事人的申请符合下列情形之一的,人民法院应当再审:有新的证据,足以推翻原判决、裁定的;原判决、裁定认定的基本事实缺乏证据证明的;原判决、裁定认定事实的主要证据是伪造的;原判决、裁定认定事实的主要证据未经质证的;对审理案件需要的主要证据,当事人因客观原因不能自行收集,书面申请人民法院调查收集,人民法院未调查收集的;原判决、裁定适用法律确有错误的;审判组织的组成不合法或者依法应当回避的审判人员没有回避的;无诉讼行为能力人未经法定代理人代为诉讼或者应当参加诉讼的当事人,因不能归责于本人或者其诉讼代理人的事由,未参加诉讼的;违反法律规定,剥夺当事人辩论权利的;未经传票传唤,缺席判决的;原判决、裁定遗漏或者超出诉讼请求的;据以作出原判决、裁定的法律文书被撤销或者变更的;审判人员审理该案件时有贪污受贿,徇私舞弊,枉法裁判行为的。人民法院收到当事人的再审申请后进行审查,认为不符合条件的,用通知书驳回申请;符合条件决定再审的,除追索赡养费、扶养费、抚育费、抚恤金、医疗费用、劳动报酬等案件外,应当在立案后裁定中止原判决、裁定或调解协议的执行,并及时通知案件的双方当事人。

(2)向人民检察院提出申诉

劳动争议诉讼当事人对人民法院作出的生效判决、裁定或调解协议不服的,除了可以向人民法院申请再审外,也可以向人民检察院提出申诉。有下列情形之一的,当事人可以向人民检察院申请检察建议或者抗诉:人民法院驳回再审申请的;人民法院逾期未对再审申请作出裁定的;再审判决、裁定有明显错误的。人民检察院对当事人的申请应当在 3 个月内进行审查,作出提出或者不予提出检察建议或者抗诉的决定。当事人不得再次向人民检察院申请检察建议或者抗诉。检察机关接受当事人的申诉后,经审查,认为人民法院的生效判决、裁定或调解协议确有错误,符合抗诉条件的,应当提出抗诉。检察机关有权向人民法院提出抗诉,而不论判决、裁定发生法律效力有多长时间。检察机关提出抗诉的案件,人民法院必须依照审判监督程序进行再审,并在进行再审时通知人民检察院派员出庭进行法律监督。

专家支招：

本案中，富某对已经发生法律效力的工伤劳动争议判决不服的，既可以向人民法院提出申诉，申请再审，也可以向人民检察院提出申诉，请求抗诉。富某申请人民法院再审的，应当在判决生效后2年内提出申诉，并且只能向作出生效判决的人民法院或其上一级人民法院提出。

向人民法院提出申请再审应当提交再审申请书。再审申请书是当事人、法定代理人及其家属，对已经发生法律效力的判决、裁定、调解书不服，而向人民法院要求重新处理所提出的书面请求。再审申请书应当具备以下内容：

（1）首部。首部应当写明文书名称，即"再审申请书"。申请人的基本情况、案由、案件来源、案件编号、终审人民法院名称。通常可以表述为："申请人因×××一案，对×××人民法院于××××年×月×日作出的（××××）第××号一审（或二审）民事判决（或裁定、调解书）不服，提出再审申请。"

（2）正文。正文是再审申请的重点，主要包括申请事项和事实及理由。申请事项通常是明确提出要求撤销、变更原判或要求重新审理；事实及理由是再审申请能否得到支持的关键。因此，在这一部分中，要介绍清楚一审、二审的审理情况，发现新证据、提供新证据的情况，终审人民法院违反法律程序、适用法律不当的情况，以及审判人员徇私舞弊或枉法裁判等情况。

（3）尾部。尾部应当写明致送人民法院，申诉人名称、申诉时间，并在附项中写明一审、二审判决（裁定、调解书）和有关证据的份数，最后由申请人签名或盖章,注明日期。

附:再审申请书格式

再审申请书

申请人:
申请人对×× ×人民法院×年×月×日(××)字第××号判决,申请再审。
请求事项:
事实与理由:
此致

×××人民法院 附:原审书抄件(或复印件)一份
申请人 ×年×月×日

 77.哪些工伤争议属于行政争议?

案例:

杨某在某汽车配件厂作烤漆工。一日,生产车间里装有易燃品烯料的铁桶发生爆炸,将在一旁的杨某炸伤。杨某向社会保险行政部门提出工伤认定申请,但社会保险行政部门对杨某的工伤认定申请作出不予受理的决定。杨某对不予受理的决定不服,针对这一工伤行政争议向人民法院提起行政诉讼。问:哪些工伤争议属于行政争议?

专家解析:

因工伤而发生的争议多数为劳动争议,但工伤纠纷中涉及的工伤保险待遇、工伤鉴定等争议,因为涉及到一些行政行为,则不属于劳动争议的范围,而属于行政争议的范围。根据《最高人民法院关于审理劳动争议案件适用法律若干问题的解释(二)》以及《工伤保险条例》第55

条规定,下列工伤争议属于行政争议:

(1)劳动者请求社会保险经办机构发放社会保险金的纠纷;

(2)劳动者对劳动能力鉴定委员会的伤残等级鉴定结论或者对职业病诊断鉴定委员会的职业病诊断鉴定结论的异议纠纷;

(3)申请工伤认定的职工或者其近亲属、该职工所在单位对工伤认定申请不予受理的决定不服的;

(4)申请工伤认定的职工或者其直系亲属、该职工所在单位对工伤认定结论不服的;

(5)用人单位对经办机构确定的单位缴费费率不服的;

(6)签订服务协议的医疗机构、辅助器具配置机构认为经办机构未履行有关协议或者规定的;

(7)工伤职工或者其直系亲属对经办机构核定的工伤保险待遇有异议的。

专家支招:

本案中,杨某对社会保险行政部门的工伤认定决定不服,双方发生的争议即属于工伤行政争议。工伤行政争议可以通过以下途径解决:(1)申请行政复议。有关单位或者个人发生工伤行政争议的,任何一方都可以依法申请行政复议。(2)提起行政诉讼。工伤行政争议的一方对行政复议不服的,还可以依法向人民法院提起行政诉讼,当然也可以不经行政复议程序而直接向人民法院提起行政诉讼,也就是说,工伤行政复议不是工伤行政诉讼的必经程序。

 78.如何申请工伤行政复议?

案例:

韩某是某公司的保安员,负责该公司夜间保安工作。某日晚,韩某晚上值班时被人杀害。韩某的母亲向当地社会保险行政部门申请认定工伤。但社会保险行政部门以韩某的死亡与工作无关为由,不同意认定为工伤。韩某的母亲不服工伤认定决定,于是向当地人民政府申请行政复议。问:如何申请工伤行政复议?

专家解析:

行政复议是指依照行政复议法的规定,公民、法人或者其他组织认为行政机关或法律法规授权的组织实施的具体行政行为侵犯自己的合法权益,向行政复议机关提出申请,由复议机关受理、审查并作出决定的法律制度。

专家支招:

本案中,韩某的母亲应当按照以下规定申请工伤行政复议:

(1)明确工伤行政复议的申请人和被申请人

工伤行政复议的申请人包括:申请工伤认定并对认定结论不服的职工或者其近亲属、该职工所在单位;对缴费费率不服的单位;认为经办机构未履行服务协议或者规定的医疗机构、辅助器具配置机构;对经办机构核定的工伤保险待遇有异议的工伤职工或者其近亲属。工伤行政复议的被申请人为作出有关决定或者核定的社会保险行政部门或者社会保险经办机构。

（2）向有管辖权的行政复议机关提出工伤行政复议申请

行政复议申请应当向有关机关提出,对县级以上地方各级人民政府工作部门作出的具体行政行为不服的复议,复议机关可以是作出被申请行政行为的行政主体的上级主管部门,也可以是作出被申请行政行为的行政主体所属的人民政府,申请人可以在二者之间选择。工伤认定一般由市社会保险行政部门负责,对认定不服的既可以向市社会保险行政部门的上一级主管部门即该省社会保险行政部门申请复议,也可以向市社会保险行政部门所属的该市人民政府复议申请。当然,申请人不得同时向该省社会保险行政部门和该市人民政府提出复议申请。

（3）在法定期限内申请工伤行政复议

申请人必须在法定期限内提出复议申请,否则申请人的申请权不受法律保护。根据行政复议法的有关规定,对社会保险行政机构核定的保险待遇不服的,职工或其直系亲属在收到该决定之日起 60 日内提出行政复议;对不予受理工伤认定申请不服的或者对工伤认定结论不服的,职工或其直系亲属、用人单位在收到工伤认定决定之日起 60 日内提出行政复议;社会保险行政部门在规定时间内没有作出认定的,职工或其直系亲属、用人单位应当在规定时间届满后 60 日内提出复议申请。因不可预见、不可避免、不可克服的事件(包括自然灾害等)或其他正当理由耽误了上述法定期限的,申请期限自障碍消除之日起继续计算。

（4）递交工伤行政复议申请书

申请人提出工伤行政复议申请,应当向行政复议机关提交行政复议申请书,如果提交申请书确实有困难的,也可以口头申请。行政复议申请书包括以下三部分内容:

第一部分:首部。包括:①申请书名称。写明"行政复议申请书"。②当事人的基本情况。申请人是个人的,需要载明申请人的姓名、性别、年龄、职业和住所;申请人是企业或其他组织的,需要载明企业或组织的名称、住所和法定代表人或者主要负责人的姓名、职务。被申请人的名称、地址。

第二部分:正文。包括:①工伤行政复议请求,也就是申请人通过工伤行政复议所要求达到的目的。申请行政复议要有明确的复议请求,否则,行政复议机关不会受理行政复议申请。对工伤认定不服的,一般都是请求变更认定机构所作的不予受理决定或者最终的认定决定;对核定保险待遇不服的,一般是要求提高有关保险待遇。这些要求必须在申请书中具体写明。②申请复议的主要事实根据和理由。

第三部分:尾部。包括致送的行政复议机关;申请人姓名;申请的年、月、日。

附:行政复议申请书格式

行政复议申请书

申请人:	姓名:	性别:	年龄:
民　族:	职务:	工作单位:	

住所： 电话：

诉讼代理人： 姓名： 性别： 年龄：

民族： 职务： 工作单位：

住所： 电话：

被申请人： 名称： 地址： 电话：

法定代表人： 姓名： 职务：

案由：因对(单位)×年×月×日××号处理决定不服,申请复议。

申请复议的要求和理由：

(申请复议的理由主要陈述原处理决定中事实不符,适用法律、法规不正确,处理不当,程序违法等问题。)

此致

受理行政复议的行政机关

申请人:(盖章)

×年×月×日

附:本申请书副本×份。

原处理决定书×份。

其他证明文件。

 79.提起工伤行政诉讼应当具备哪些要件?

案例：

某公司员工王某在工作中不慎摔倒，造成颈部神经跟牵拉伤、上唇挫裂伤、左手臂擦伤、左腿皮擦伤。事故发生后，公司立即派人将王某送往医院治疗，但一个月后停付医疗费和工资，且不承认王某是因工负伤。经王某申请，社会保险行政部门作出工伤认定决定，以没有证据表明摔伤事件系由于工作原因造成为由，决定不予认定工伤。王某对此不服，向复议机关提起行政复议，但复议机关维持了原决定。王某仍不服，又向人民法院提起行政诉讼。问：提起工伤行政诉讼应当具备哪些要件?

专家解析：

工伤行政诉讼是指依照行政诉讼法的规定，工伤职工或者其直系亲属、监护人认为行政机关或法律法规授权的组织实施的具体行政行为侵犯自己的合法权益，向人民法院起诉，人民法院对被诉行为进行审查并依法裁决的法律制度。提起工伤行政诉讼，必须具备以下要件：

（1）提起诉讼的人或单位必须具备原告资格。对工伤认定的行政复议决定不服，对不予受理决定不服的，原告是工伤职工或者其直系亲属、用人单位，工伤职工的监护人也可以提起此类行政诉讼；对核定工伤保险待遇的行政复议不服的，原告是工伤职工及其直系亲属，工伤职工的监护人也可以提起此类行政诉讼。职工或其直系亲属、用人单位提起行政诉讼，可以委托1至2人代为诉讼，被委托的人就是委托代理人。委托代理人的范围是：律师、社会团体、提起诉讼的人的近亲属或者所在单位推荐的人，或者经人民法院许可的其他公民。

（2）必须有明确的被告。第一，对工伤认定申请不予受理决定不服而直接提起诉讼的，被告是作出该决定的社会保险行政机关。第二，对复议决定不服提起诉讼的分两种情况：①复议决定维持原工伤认定行为的，被告是作出工伤认定的社会保险行政部门；②复议决定改变了原工伤认定行为的，包括改变原工伤认定行为所认定的事实，改变原工伤认定行为所适用的法律、法规或规章，改变认定结果三种情况，此时，复议机关是被告。第三，对保险经办机构核定的工伤保险待遇进行的行政复议不服的分两种情况：①维持原决定的，被告是保险经办机构；②改变原决定的，被告是劳动保障行政部门。第四，对复议机关逾期不作出决定的，当事人对原认定行为不服提起行政诉讼的，应当以作出认定行为的机关为被告；当事人对复议机关不作决定的行为不服提起诉讼的，应当以复议机关为被告。

（3）必须有具体的诉讼请求和事实根据。职工或其直系亲属、用人单位在起诉时，必须向人民法院提出具体的权利主张及其初步的理由和根据。诉讼请求就是起诉人想通过行政诉讼所要达到的目的。诉讼请求可以是要求认定机关受理认定申请、作出认定决定或者变更认定决定。

（4）属于人民法院管辖范围和受诉人民法院管辖。不属于人民法院管辖范围的，则不能提起行政诉讼，如对不具有强制力的行政指导行为、法律规定,由行政机关最终裁决的具体行政行为等就不得向法院提起行政诉讼。

专家支招:

　　本案中,工伤职工王某对工伤行政复议决定不服,有权以工伤行政诉讼原告的身份提起行政诉讼。由于复议机关作出了维持社会保险行政部门作出的工伤认定决定,所以本案的被告应当是作出原工伤认定决定的社会保险行政部门。王某提起行政诉讼,可以委托1至2人代为诉讼,被委托的人就是委托代理人。委托代理人的范围是:律师、社会团体、提起诉讼的人的近亲属或者所在单位推荐的人,或者经人民法院许可的其他公民。

　　通常有以下三种情况时,工伤职工可以考虑提起工伤行政诉讼:(1)对行政复议机关所作出的不予受理决定不服,可以直接向人民法院提起行政诉讼;(2)对工伤复议决定不服,可以提起行政诉讼;(3)复议机关逾期(超过60日)不作决定,可以提起行政诉讼。

80.提起工伤行政诉讼应当向人民法院提交哪些材料？

案例:

　　张某因不服工伤认定决定向行政复议机关申请行政复议。行政复议决定改变了原工伤认定行为所认定的事实,作出工伤行政复议决定。对于复议决定,张某仍然不予接受,于是以行政复议机关为被告提

法律专家教您如何打工伤索赔官司

起工伤行政诉讼,并向人民法院提交相关材料。问:提起工伤行政诉讼应当向人民法院提交哪些材料?

专家解析:

当事人对工伤行政复议不服,或者对不予受理不服向人民法院提起行政诉讼的,应当向人民法院提交以下材料:

(1)起诉书及其副本。提起工伤行政诉讼需要向法院提交起诉书。起诉书应当载明下列内容:①原告是个人的,需要载明个人的基本情况,如姓名、年龄、职业和住所等。原告是企业或其他组织的,需要载明企业或组织的名称、住所和法定代表人或者主要负责人的姓名、职务。②被告的名称、地址,及其法定代表人的姓名、职务。③诉讼请求以及起诉的主要事实根据和理由。④提起诉讼的年、月、日。原告向人民法院提交起诉书应当按照被告的人数提交起诉状副本。

(2)行政复议决定书或者不予受理的证明文件。行政复议是提起工伤行政诉讼的前提,因此,原告向人民法院提起工伤行政诉讼应当提交行政复议决定书。如果因有关机关不予受理行政复议申请而提起行政诉讼的,应当提交有关机关作出的不予受理的决定书。

(3)相关的证明材料。包括劳动关系证明、工伤事故证明、医疗诊断证明或职业病诊断(或者职业病鉴定书)等。

专家支招:

工伤行政诉讼被告对其作出的具体行政行为承担举证责任。作为原告的工伤职工也要对起诉是否符合法定条件、证明被告不作为案件中的申请事实、证明因被诉行为侵害而造成损失的事实等事项承担举证责任。因此,本案中张某起诉时,除应当向人民法院提交起诉书外,还应当提交行政复议决定书、劳动关系证明、工伤事故证明、医疗诊断证明等证明材料,以有利于举证责任的承担。